Richard Rorty zur Einführung

Walter Reese-Schäfer

Richard Rorty zur Einführung

Junius Verlag GmbH
Stresemannstraße 375
22761 Hamburg
Im Internet: www.junius-verlag.de

Umschlaggestaltung: Florian Zietz
Titelfoto: Gunter Glücklich
Satz: Junius Verlag
Printed in the EU 2013
ISBN 978-3-88506-623-1
(zur Einführung; 323)
2. Auflage 2013

Die Deutsche Bibliothek – CIP-Einheitsaufnahme

Bibliografische Information Der Deutschen Nationalbibliothek
Die Deutsche Nationalbibliothek verzeichnet diese Publikation in der Deutschen Nationalbibliografie; detaillierte bibliografische Daten sind im Internet über http://dnb.d-nb.de abrufbar

Inhalt

Anhang

»Stellen Sie sich vor, daß Sie in ein paar Jahren Ihr Exemplar der New York Times aufschlagen und lesen, die Philosophen hätten auf ihrer diesjährigen Hauptversammlung einstimmig beschlossen, Werte seien objektiv, die Wahrheit eine Sache der Übereinstimmung mit der Realität und so weiter. Neuere Durchbrüche in der Semantik und Metaethik, so fährt der Bericht fort, hätten die letzten übriggebliebenen Nichtkognitivisten in der Ethik zum feierlichen Widerruf veranlaßt. [...] Um die intellektuelle Konfusion, die die philosophische Profession in den letzten Jahren verursacht hatte, richtigzustellen, haben die Philosophen eine kurze, klare Liste von Standards der Rationalität und Aktualität angenommen. Nächstes Jahr soll der Versammlung ein Bericht des Komitees vorgelegt werden, das mit der Formulierung eines Standards für den ästhetischen Geschmack beauftragt ist.

Gewiß würde die öffentliche Reaktion hierauf nicht ein ›Gerettet!‹ sein, sondern vielmehr: Für wen zum Teufel halten die Philosophen sich? Daß genau dies unsere Reaktion sein würde, ist eines der besten Dinge, die man über das intellektuelle Leben sagen kann, das wir westlichen Liberalen führen.«

Richard Rorty

1. Einleitung

Richard Rortys elegante und witzige Schreibweise kann leicht darüber hinwegtäuschen, dass er alles andere als ein Philosoph für Anfänger ist. Er ist ein Denker der Dekonstruktion und vor allem ein Ironiker, der gern provoziert und mit den Missverständnissen spielt, es geradezu auf sie anlegt, und der denjenigen in Rage versetzen kann, der vergeblich einen Zugang zu finden versucht. Um seine Texte wirklich ausschöpfen zu können, ist es zweifellos nützlich, mit dem, was er dekonstruiert – der klassischen Erkenntnistheorie seit Descartes sowie der Tradition der analytischen Philosophie seit Russell und Carnap – ein wenig vertraut zu sein. Rorty entwickelt keine eigenen systematischen Rationalitätskonzepte wie etwa Jürgen Habermas, sondern versteht seinen Diskurs als »parasitär« gegenüber dem Sprechen seiner Vorgänger. Er gehört zu jenen Autoren, deren tiefer gehende Gedanken man bei der ersten Lektüre leicht überliest, weil der Text ebenso klar wie einfach widerlegbar erscheint. Scheinbar leichthin werden in einer bilderreichen Sprache Denkergebnisse präsentiert, hinter denen sich außerordentlich komplexe Reflexionsprozesse und einige der grundlegendsten Probleme der Philosophiegeschichte verbergen. Eine immer wieder belustigende Erfahrung mit Rorty ist, dass manche eher metaphysikgläubige Studenten der ersten Semester (auch solche gibt es gelegentlich) meinen, ihn mühelos in seine Schranken weisen zu können, während sie meist noch nicht einmal seine Fragestellungen erfasst haben. Nietzsche, der ähnlich leicht formulieren konnte, hat das durch sein Pathos der Distanz, durch seinen prophetischen Gestus und seine theatralische Selbstinszenierung kompensiert. Bei Rorty fehlt all das, man muss sich an die Gedanken und an seine literarischen Verweise selbst halten. Die allerdings haben es, wie man spätestens bei der zweiten Lektüre merkt, in sich. Einen Leser mit ausgeprägtem und wachem ästhetischen Wahrnehmungsvermögen setzen vor allem seine Arbeiten seit 1982 voraus, seit er sich nämlich von der fachphilosophischen Schreibweise verabschiedet hat.

Die Faszination, die von diesem Denken ausgeht, ist die eines neohermeneutischen Philosophierens, das befreit ist von der konservativen Tendenz und der Traditionslastigkeit der deutschen Hermeneutik. Man würde Rorty unterschätzen, würde man ihn nur als den »amerikanischen Gadamer« ansehen. Wie Jürgen Habermas gehört er in die Welt des nachmetaphysischen Denkens. Anders als jener ist er aber nicht den Weg von der Soziologie zur Philosophie gegangen, sondern hat 1982 seinen Philosophie-Lehrstuhl in Princeton aufgegeben, um *Professor of Humanities* an der Universität von Virginia in Charlottesville zu werden. Seit 1998 ist er dort emeritiert und daneben Professor für Vergleichende Literaturwissenschaft an der Eliteuniversität Stanford geworden.[1] Der Wechsel von der Philosophie in die Literaturwissenschaft war ein ungewöhnlicher Schritt, über den viel geredet wurde. Rorty zog damit die Konsequenz aus seiner Grundsatzkritik der Philosophie der letzten drei Jahrhunderte, die er in seinem Hauptwerk *Der Spiegel der Natur* (1979) vorgelegt hatte, und aus seiner Kritik an der amerikanischen Universitätsphilosophie, den *Consequences of Pragmatism* (1982).

Die philosophiekritische Tonlage, die Rortys Schriften bestimmt, hat natürlich auch auf diesen Einführungsband abgefärbt. Dafür bitte ich um Nachsicht. Rorty (wie auch der Autor des vorliegenden Buches) betrachtet die sprachanalytische Philosophie als eine wesentliche Errungenschaft der Theorieentwicklung. Wo sie kritisiert oder über sie gespottet wird, richtet sich das immer gegen gewisse scholastische Auswüchse und Dogmatisierungen, nicht aber gegen die Grundgedanken selbst. Rorty warnt in seinen Interviews immer wieder vor dem Missverständnis, sein *Spiegel der Natur* sei eine Abrechnung mit der analytischen Philosophie. Das wäre eine Fehleinschätzung. Denn tatsächlich greift er ja auf deren höchstentwickeltes Vokabular zurück, wenn er seine Grundsatzkritik der Erkenntnistheorie artikuliert.

Rortys frühere Arbeiten, die ihm immerhin den Glanz einer Princeton-Professur eingebracht hatten, beschäftigten sich noch in eher konventioneller Weise mit den damals aktuellen Themen der angelsächsischen Diskussion: dem Geist/Körper-Problem, mit transzendentalen Argumenten oder den Fragen von Realismus und Materialismus. Nach dem entscheidenden Wendepunkt von *Der Spiegel der Natur* hat sich sein Schreiben immer mehr in die Richtung der literarischen Kultur entwickelt und sich stärker Themen der Sozialphilosophie und der politischen Philosophie geöffnet. Er sucht einen Weg, der weniger universalistisch ist als der von Habermas, aber »solidarischer« und »sozialdemokratischer« (eine der liebsten Selbstcharakterisierungen Richard Rortys und seiner Freunde in der amerikanischen Linken) als der von Foucault. Anders als für Jacques Derrida, der z.B. in *Die Postkarte von Sokrates bis an Freud und jenseits* (1980) selbst eine literarische Sprache erprobt, ist für Rorty die *literaturkritische Konversation* über Texte z.B. von George Orwell, Vladimir Nabokov und anderen charakteristisch.

Seine Sprache enthält stark überredende, persuasive Elemente. Weil er an Letztbegründungen nicht glaubt, versucht er uns durch rhetorische Mittel seine Ansichten nahe zu bringen. Um seine Leser zu frappieren, setzt er gern das Mittel des Stilbruchs und des Wechsels der Stilebenen ein. So beschuldigt er die herkömmliche Philosophiegeschichtsschreibung, die Leibniz, Frege und Carnap in eine Reihe mit Nietzsche, Gadamer, Dewey und Derrida stellt, der »Wahlschieberei« (*gerrymandering*). Er genießt offenbar die Rolle eines frechen *streetkid* des akademischen Diskurses, wenn er z.B. über Heidegger bemerkt, »daß das Wort ›Sein‹ mehr Trouble macht, als es wert ist. Ich wäre glücklich, wenn Heidegger es niemals verwendet hätte.«[2] Eine solche Passage ist gewiss nicht als Heidegger-Kritik zu lesen, sondern als Selbstironisierung von Rortys No-problem-Rhetorik, die die Kunstfragen des Faches auf ihr pragmatisches Maß reduziert. Man kann sich meist sicher sein, dass auf derartige Bemerkungen dann recht ausgefeilte Argumentationen folgen. Übersetzer neigen leider oft dazu, solche Eigentümlichkeiten stilistisch zu glätten, Schärfen abzumildern und die kleinen aus der Alltagssprache stammenden Sprachfrechheiten Rortys zum Verschwinden zu bringen. Sie übersehen, dass ein Konzept dahinter steht: die Nähe zum literarischen Sprechen und die Ferne zu den blutig ernsten Kämpfen der deutschen Theoretiker.

2. Die linguistische Wende

Im Jahre 1967 hat Rorty den Band *The Linguistic Turn* herausgegeben, durch den seitdem amerikanische Philosophiestudenten mit Autoren wie Carnap, Ryle, Passmore, Strawson und anderen bekannt gemacht werden. Rorty gilt gar als derjenige, der den Begriff *»linguistische Wende«* aufgebracht hat. Das ist aber nicht richtig. Er selbst weist ihn als eine ältere Prägung von Gustav Bergmann aus.[3]

Rortys fulminante Einleitung zu diesem Sammelband machte ihn unter Insidern schnell zu einer Berühmtheit. Schon diese Einleitung ließ einen deutlichen kritischen Abstand und eine bemerkenswerte Abgeklärtheit erkennen. Die Geschichte der Philosophie besteht nach dieser Darstellung aus Revolten gegen die Praktiken früherer Philosophen, die ihr Heil meist darin suchten, eine neue Methode zu entwickeln. Jede dieser Revolten ist bisher gescheitert – und alle aus dem gleichen Grund: Alle hatten, auch wenn sie versuchten, »voraussetzungslos« neu anzufangen, doch immer die Wahrheit einiger substantieller, aber kontroverser philosophischer Thesen voraussetzen müssen (LT 1). Fast könnte man Philosophie als die Disziplin definieren, in der Wissen gesucht wird, aber nur Meinung erreicht werden kann (LT 2). Das wäre allerdings ungerecht, weil Philosophie als eine Art von Entwicklungsprozess zu verstehen ist, in dem sich all das immer wieder erst neu herausstellt. Die Aufdeckung der versteckten Voraussetzungen bei denjenigen, die von sich glauben, sie hätten keine, ist eines der Hauptmittel, durch die die Philosophen neue Gegenstände für ihre Debatte finden. Diese Suche muss sich selbstverständlich auch gegen die sprachanalytische Philosophie richten. Rorty definiert sie als die Ansicht, philosophische Probleme könnten gelöst (oder aufgelöst) werden, indem man entweder die Sprache reformiert oder indem man sich um ein besseres Verständnis der Sprache bemüht, die wir gegenwärtig besitzen. Diese Ansicht wird von vielen ihrer Anhänger als die wichtigste philosophische Entdeckung unserer Zeit angesehen.

Aus diesem doppelten Ansatz sind zwei sprachanalytische Schulen entstanden: der Versuch, eine *Idealsprache* zu konstruieren, und die »ordinary language philosophy«, die vor allem in Oxford beheimatete *Philosophie der Alltagssprache*. Der Grundgedanke der zweiten Richtung geht zurück auf die Parole des späten Wittgenstein: »Wir führen die Wörter von ihrer metaphysischen wieder auf ihre alltägliche Verwendung zurück.«[4] Damit war die Überzeugung verbunden, die Philosophen würden ihre seltsamen Probleme mit dem »Sein«, dem »Wissen«, dem »Wesen« usw. gar nicht mehr haben, wenn sie die Wörter so benutzen, wie der normale Mensch es tut (LT 12). Oder, als Paradoxie formuliert: »Der einzige Unterschied zwischen der Philosophie der idealen Sprache und der Philosophie der Alltagssprache ist eine Meinungsverschiedenheit darüber, *welche* Sprache ideal ist.« (LT 12) Beide Richtungen wenden unterschiedliche Mittel an, um zu sehr verwandten Resultaten zu kommen.

Die Versuche der Sprachphilosophen, die Philosophie in eine »strenge Wissenschaft« zu verwandeln, sind durchweg gescheitert. Es gibt keine überzeugende Rechtfertigung dafür, entweder die Alltagssprache oder irgendeine Idealsprache zum verbindlichen Maßstab zu deklarieren. Deshalb kann man auch den philosophischen Gebrauch bestimmter Wörter nicht als »Missbrauch« attackieren, es sei denn in einem trivialen und irreführrenden Sinn von »Missbrauch«, der nichts anderes bedeuten würde als »philosophischer Gebrauch« (LT 24). Wenn also der Weg zur strengen Wissenschaft nicht offen ist, bleibt der Philosophie bloß die kritische Funktion. Welche Zukunft kann sie dann noch haben? Ist eine *»post-philosophische Kultur«* wirklich vorstellbar (LT 34)? Schon in diesem frühen Text taucht die »postistische« Frage nach dem möglichen Ende der Philosophie auf, die Rorty auch in späteren Arbeiten immer wieder aufwirft. 1967 legt er sich noch nicht fest, sondern skizziert sechs verschiedene Möglichkeiten für die Zukunft des philosophischen Denkens (LT 34-39):

> 1. Eine grundlegende philosophische These, die die verschiedenen Zweige der Sprachphilosophie vereint, ist der methodologische Nominalismus. Sie besagt, dass alle Fragen über Begriffe, Universalien oder das »Wesen« von irgendetwas, die nicht empirisch beantwortet werden können, die aber überhaupt beantwortbar sind, ausschließlich durch die Beantwortung von Fragen über den Sprachgebrauch behandelt werden können. Möglicherweise ist man dadurch in eine Sackgasse geraten. Würde man den Nominalismus zurückweisen, könnten sich neue Horizonte öffnen wie zum Beispiel in der Phänomenologie Edmund Husserls.
> 2. Würde man beides, den methodologischen Nominalismus *und* die Forderung nach verbindlichen und klar bestimmten Kriterien fallen lassen, dann würde Philosophie aufhören, eine argumentative Disziplin zu sein, und näher an die Dichtung heranrücken. Heideggers spätere Aufsätze können als ein Versuch in dieser Richtung angesehen werden.
> 3. Eine dritte Möglichkeit wäre, zwar den methodologischen Nominalismus beizubehalten, aber das Verlangen nach klaren Kriterien aufzugeben. Die Philosophen könnten dann versu-

chen, beliebige Idealsprachen und neue, interessante und fruchtbare Wege des Nachdenkens über Dinge im Allgemeinen zu erfinden. Sie würden »*Weltanschauungen*« hervorbringen darüber, »wie Dinge im weitestmöglichen Sinn dieses Begriffs miteinander im weitestmöglichen Sinn zusammenhängen«[5]. Dieses Sellars-Theorem gehört zu den Lieblingszitaten Rortys.

4. Auf die Frage, ob die Philosophie an ein Ende gekommen ist, könnten wir tatsächlich mit »Ja« antworten. Sie wäre nichts als eine Kulturkrankheit gewesen, die geheilt werden konnte – ganz, wie Wittgenstein sich das vorgestellt hat. Unser Bedürfnis nach Weltanschauung könnte dann von den Künstlern, den Naturwissenschaftlern oder beiden befriedigt werden.

5. Vielleicht liegt die Zukunft auch in einer empirischen Linguistik, die unsere gegenwärtigen Sprachpraktiken beschreibt und dadurch zumindest einige der Erwartungen erfüllt, die ursprünglich zur Erfindung der Philosophie geführt haben.

6. Es könnte auch sein, dass die Sprachphilosophie notwendige Bedingungen für die Möglichkeit der Sprache selbst entdeckt – etwa so, wie Kant die Bedingungen der Möglichkeit von Erfahrung aufgedeckt hat. Sie würde dann, wie Strawson sich das vorstellt, eine Art »deskriptive Metaphysik« werden.

Welchem dieser Ansätze die Zukunft gehört, hat Rorty damals weise offen gelassen. Am Schluss seiner Einleitung deutete er freilich schon an, dass womöglich nicht die »linguistische Wende« das wichtigste Ereignis in der Philosophie der vorangegangenen dreißig Jahre gewesen sei, sondern die kritische Wiedererwägung einiger Grundschwierigkeiten der Erkenntnistheorie seit Platon und Aristoteles, insbesondere der traditionellen *Zuschauervorstellung* des Wissens. Die Resultate dieser Wiedererwägung stellt Rorty in seinem Hauptwerk *Der Spiegel der Natur* dar.

3. Kritik der Philosophie

»Ein Bild hielt uns gefangen. Und heraus konnten wir nicht, denn es lag in unserer Sprache, und sie schien es uns nur unerbittlich zu wiederholen.« (Ludwig Wittgenstein)[6]

3.1 *Der Spiegel der Natur*

Der Spiegel der Natur (*Philosophy and the Mirror of Nature*) ist Richard Rortys umfangreichstes und bedeutendstes Werk. Er hat zehn Jahre, von 1969 bis 1979, daran geschrieben (so lange wie Kant an der *Kritik der reinen Vernunft*). Dieses Buch versteht sich als Generalabrechnung mit der neuzeitlichen Philosophie. Im Unterschied zu Kant allerdings will Rorty kein eigenes, neues Konzept anbieten, sondern er erstellt Diagnosen, aus denen sich ergeben kann, dass bestimmte philosophische Probleme – etwa das klassische »Leib-Seele-Problem« – gar keine sind.

Rortys Kernthese lautet: Die Verknüpfung des Mentalen mit dem Fundamentalen ist der Hauptfehler der gegenwärtigen Philosophie. Dieser Fehler begann an der Wende zur Neuzeit mit René Descartes (1596-1650), der das Mentale als eigene, vom Materiellen abgetrennte Dimension verstanden hatte, in der allein, weil sie dem Ich ja von innen her zugänglich ist, Gewissheit zu erlangen sei. John Locke (1632-1704) hatte dann die »Theorie der Erkenntnis« begründet, die auf der Analyse unseres Wahrnehmungsapparates, unserer »mentalen Prozesse« beruhte. Nachdem diese Ideen sich allgemein durchgesetzt hatten, konnte Immanuel Kant die Philosophie zum Tribunal der reinen Vernunft, »das über alle anderen kulturellen Ansprüche zu Gericht sitzt« (SN 14), erheben. Im neunzehnten Jahrhundert haben dann die Neukantianer die so genannte *»Erkenntnistheorie«* zur Fundamentalwissenschaft gemacht, die alle anderen Erkenntnisansprüche zu begründen in der Lage sein sollte. So wurde Philosophie »für die Intellektuellen zum Ersatz für die Religion. Sie war die kulturelle Dimension, in der man auf den Grund vorstieß und das Vokabular und die Überzeugungen fand, mittels derer man seine Tätigkeit als Intellektueller zu erklären und zu rechtfertigen vermochte, in der man demnach den Sinn des eigenen Lebens ausfindig machen konnte.« (SN 4) Intellektuelle können offenbar nicht ohne Pathos leben. Deshalb suchen sie nach Fundamentalstrukturen, nach den Wirklichkeiten hinter der bloßen Erscheinungswelt, nach einer Realität, die den leeren Platz religiöser Gewissheit einehmen soll. Rorty dagegen plädiert für eine vermenschlichte, eine endlich human gewordene Kultur, in der man nicht mehr nach der objektiven Realität fragt, sondern nach der bestmöglichen Beschreibung der Situation, in der man sich gerade befindet. Allenfalls kann man sich dann auf die Suche nach einer passenderen Beschreibung begeben, nicht aber auf die Suche nach der Wahrheit.

Der Anspruch, Philosophie müsse als strenge Wissenschaft betrieben werden, wurde zu Beginn unseres Jahrhunderts durch Denker wie Edmund Husserl (1859-1938) und Bertrand Russell (1872-1970) erneuert. Ihre »Wissenschaftlichkeit« hat die gesamte angloamerikanische und einen nicht unerheblichen Teil der deutschen Philosophie des zwanzigsten Jahrhunderts nachhaltig geprägt.

Aber, und hier beginnt Rortys Gegengeschichte, sie konnten nicht mehr so ungetrübt zur intellektuellen Avantgarde gerechnet werden wie noch Descartes, Locke und Kant. Schon im neunzehnten Jahrhundert hatte sich eine neue Form von Kultur entwickelt, »die Kultur des Gebildeten, der Gedichte, Romane und politische Traktate verfaßte, wie auch Kritiken der Gedichte, Romane und Traktate anderer. [...] Dichter und Romanciers hatten nun anstelle der Prediger und Philosophen die Aufgabe der moralischen Erziehung der Jugend übernommen.« (SN 14f.)

Die drei in Rortys Augen bedeutendsten Philosophen unseres Jahrhunderts, Ludwig Wittgenstein (1889-1951), Martin Heidegger (1889-1976) und John Dewey (1859-1952), stehen für einen vollkommen anderen Stil und ein völlig anderes Selbstverständnis des Philosophierens als etwa Husserl oder Russell. Alle drei hatten in ihrer Frühzeit versucht, »eine neue Möglichkeit zu finden, ›Fundamentalphilosophie‹ zu treiben« (SN 15), und gelangten zu der Einsicht, dass dies zum Scheitern verurteilt sei.

»Alle drei Philosophen erkannten in der Folgezeit in ihren früheren Versuchen eine Selbsttäuschung: das Bemühen, an einem bestimmten Philosophiebegriff festzuhalten, obgleich man selbst zur Verabschiedung der Begrifflichkeit beigetragen hatte (der vom siebzehnten Jahrhundert überkommenen Begriffe des Erkennens und des Mentalen), ohne deren Hilfe seine Durchführung nicht möglich war. In ihrem Spätwerk brachen sie jeder mit der Kantischen Konzeption von der Philosophie als Fundamentalwissenschaft und verwandten ihre Zeit darauf, uns vor einer Versuchung zu warnen, der sie selbst einmal erlegen waren. Ihr Spätwerk gerät demnach nicht konstruktiv, sondern therapeutisch, nicht systematisch, sondern bildend; statt ihm ein neues philosophisches Programm vorzulegen, möchte es den Leser veranlassen, seinen eigenen Motivationshintergrund für das Philosophieren in Frage zu stellen.« (SN 15 f.)

Rortys Buch trägt im Deutschen den treffenden Untertitel »Eine Kritik der Philosophie«. Damit ist sehr deutlich seine Neigung zu einer Rhetorik bezeichnet, die das Ende zumindest einer ganzen Epoche philosophischen Denkens verkündet. Aus dem Vergleich mit ähnlichen Deklarationen, Hegels These vom »Ende der Kunst«, Carnaps »Ende der Metaphysik«, Roland Barthes' »Tod des Autors«, Foucaults von Claude Lévi-Strauss übernommener These vom »Tod des Subjekts« oder Fukuyamas These vom »Ende der Geschichte«, vom »Ende der Moderne« gar nicht zu reden, kann man sehr schnell lernen, dass derartige Diagnosen zwar einen gewissen dramatisierenden und aufmerksamkeitsweckenden Effekt haben, aber immer nur in einem außerordentlich eng gefassten Sinne ernst zu nehmen sind. Je genauer man Rorty liest, je weniger man seine Rhetorik gelten lässt und je mehr man seine wirklichen (meist ungewöhnlich scharfsinnigen und treffenden) Argumente akzeptiert, desto klarer wird, dass nach dem »Ende« all dieser fundamentalistischen Verirrungen wirkliche Philosophie erst anfängt, nämlich als erneuter Anlauf ihres Nachdenkens über ihre eigenen Grundlagen, Möglichkeiten und Chancen, zum Gespräch der Menschheit über sich selbst beizutragen. Rortys Rhetorik neigt dazu, vor solchen Überlegungen ein Blendwerk des scheinbar Leichtverständlichen aufzubauen, das den Blick auf seine gewichtigeren Argumentationen verbaut. Er hatte das Glück, dass sein schwierigstes Buch, eben der *Spiegel der Natur*, als erstes ins Deutsche übersetzt wurde (schon 1981). Worin die Schwierigkeit dieses Buches besteht, soll wenigstens angedeutet werden.

Es gibt in Deutschland, vielleicht mit Ausnahme von Karl-Otto Apel, der uns gelehrt hat, Wittgenstein, Heidegger und

Peirce zusammenzudenken,[7] wohl keinen Philosophen, der das gemeinsame und verbindende Element von sprachanalytischer Philosophie, Hermeneutik und Pragmatismus zu sehen und zu vermitteln in der Lage wäre. Durch diese Art der Zusammenschau verstößt Rorty gegen gewohnte Schulkonventionen. Je mehr man seinen Überlegungen folgt, desto klarer wird aber auch, dass er die Namen seiner drei philosophischen Helden (SN 413) zwar immer wieder anführt und ins Spiel bringt, ihnen aber eigentlich nur die Zielperspektive verdankt. Seine Argumentationsweise dagegen, seine philosophische Sprache bezieht er aus dem zeitgenössischen Diskurs, aus dem, was man im weitesten Sinne »analytische Philosophie« nennt. Rortys Gewährsleute sind hier vor allem Wilfrid Sellars, Donald Davidson, Willard Van Orman Quine, Gilbert Ryle und Hilary Putnam. Diese Autoren interpretiert er als die jüngsten Endpunkte immanenter Traditionslinien der analytischen Philosophie.

Wer in dieser Tradition steht, wird Dewey normalerweise für oberflächlich und Heidegger für völlig ungenießbar halten. Das Neuartige, Überraschende und Faszinierende an Rortys Denkansatz ist, dass er die ebenso anspruchsvolle wie umständliche, scholastische Argumentationstechnik der sprachanalytischen Tradition mit einer radikalen Traditionskritik verbindet, die aber letzten Endes nicht zu einem aktivistischen Abschaffungsgestus führt, sondern zu einem hermeneutischen Verständnis dafür, wie man außerhalb und vor der analytischen Philosophie eigentlich auf diese seltsamen Fragen und bizarren Antworten gekommen ist und wie man sich durch Einsicht davon freimachen könnte.

Wenn Wittgenstein, Heidegger und Dewey von Rorty auf ein- und dieselbe Liste von Kronzeugen gesetzt werden, irritiert das nur so lange, als nicht bedacht wird, was er durch diese Zeugen beglaubigen lassen will. Aus diesem Grund wäre es im Übrigen auch einseitig und irreführend, in Rortys Denken ausschließlich nach heideggerianischen Elementen und Grundstrukturen suchen zu wollen. Die erste Rorty-Lektüre in Deutschland hat leider zu solchen Gewaltsamkeiten geneigt. Ein mit Dewey zusammengebrachter Heidegger hat jedenfalls mit dem prominenten Naziphilosophen nicht mehr viel zu tun, und Wittgenstein wird in dieser Zusammenstellung vollends zum spielerischen Ironiker und genialen Amateur statt zum Schulhaupt der sprachanalytischen Wende, zu dem ihn viele nachträglich ernannt haben.

Es sind insbesondere drei Elemente, die Wittgenstein, Dewey und Heidegger gemeinsam sind:

> 1. Sie erklären die Rede von den »Fundamenten der Erkenntnis« und den Gedanken, die zentrale Aufgabe der Philosophie sei das cartesische Unternehmen zur Widerlegung des Skeptikers, für nichtig.
> 2. Sie verzichten auf die Descartes, Locke und Kant gemeinsame Idee des »Bewusstseins«.
> 3. Der grundlegende Gestus ihrer Philosophie ist nicht der der »Widerlegung«, sondern der der »Verabschiedung« (SN 16).

Verabschieden, das ist auch Rortys eigene Methode. Nicht durch direkte Widerlegung, sondern durch Etablierung völlig neuer Fragerichtungen und Problemstellungen haben die Philosophen der Aufklärung die mittelalterliche Scholastik als inhaltsleer und bedeutungslos erscheinen lassen, so dass man sich schließlich wunderte, warum bestimmte absurde Fragen einstmals überhaupt hatten gestellt werden können. *Der Spiegel der Natur* stellt einen übergreifenden Kritikzusammenhang her, der hinter Kant, Locke und Descartes zur griechischen Philosophie (insbesondere zu Platon) zurückreicht. John Dewey hat darauf aufmerksam gemacht, wie sehr die Metapher vom »inneren Auge« dieses Denken bestimmt hat:

»Die Erkenntnistheorie wird jenen Vorgängen nachgebildet, die im Akt des Sehens stattfinden sollen. Der Gegenstand reflektiert Licht und wird gesehen; dieser Vorgang macht für das Auge und für die Person, die über den optischen Apparat verfügt, einen Unterschied, nicht jedoch für das gesehene Ding. Der wirkliche Gegenstand ist das Objekt, das so sehr in einer königlichen Abgeschlossenheit besteht, daß es für jeden anschauenden Geist, der es erblicken mag, ein König ist. Eine am Sehen orientierte Erkenntnistheorie ist das unvermeidliche Resultat.«[8]

In der traditionellen Philosophie ist das Bewusstsein gleichsam ein großer Spiegel, »der verschiedene Darstellungen enthält – einige davon akkurat, andere nicht – und mittels reiner, nicht-empirischer Methoden erforscht werden kann« (SN 22). Descartes' Gedanke, die richtige Erkenntnis sei das, was man »klar und deutlich« (clair et distinct) sehen könne, ist ohne diese visuelle Metaphorik nicht nachvollziehbar. Die Kritik an den bildhaften Obsessionen, die die ganze Philosophie gefangen halten, geht sowohl bei Rorty als auch bei seinen Kronzeugen Wittgenstein, Dewey und Heidegger letzten Endes auf Nietzsches These zurück, Wahrheit sei zu verstehen als ein bewegliches Heer von Metaphern.[9]

3.2 Die Erfindung des Geistes: Die so genannte Bewusstseinsphilosophie

Die wohl schärfste Kritik in Rortys *Spiegel der Natur* richtet sich gegen die Erfindung des Mentalen, d.h. die Trennung und Gegenüberstellung von Materie und Geist.

Der amerikanische Text spricht hier einfach von »mind« und der Übersetzer hat lange gezögert, wie »mind« wiederzugeben sei. Gilbert Ryles *The Concept of Mind* (1949) erschien im Deutschen als *Der Begriff des Geistes*. Da aber auch Schmerzen, Stimmungen und Gefühle in diesen Bereich gehören, schien dies nicht zu passen. Deshalb entschied er sich für »mental« bzw. »das Mentale«. Der Plural »minds« wird dann sogar zu »Wesen mit mentalen Zuständen«. Während der Ryle-Übersetzer einfach »Geist« geschrieben und sich im Übrigen auf den Kontext verlassen hatte, wird der Text der Rorty-Übersetzung durch solche Eigentümlichkeiten umständlich und schwer zugänglich. Darüber hinaus gehen Anklänge und Anspielungen an die vielfältige, sich meist an Ryle anschließende Diskussion zu diesem Thema verloren.

Ich werde für »mind« meist »Geist« sagen und damit die Gesamtheit der mentalen Fähigkeiten eines Individuums bezeichnen – wie in der angelsächsischen Literatur üblich,[10] weil sonst kaum ein deutscher Leser nachvollziehen kann, worauf Rorty mit seinem zweiten Kapitel »Persons without minds« überhaupt hinauswill. Er will zeigen, dass »mind« eine Erfindung der dualistischen Neuzeit ist, dass Leute ohne »minds« durchaus denkbar sind, und dass wir daher auf dieses ganze Konzept verzichten können.

Das Bedenken des Übersetzers, »Geist« sei schon durch Rortys Verwendung von »spirit« im achten Kapitel vergeben, teile ich nicht: Unser Wort »Geist« hat im Englischen wie im Lateinischen nun einmal zwei bedeutungsverschiedene Entsprechungen: spiritus und mens, spirit und mind. Man muss sich dessen bewusst sein, dass der Gesamtbegriff im Deutschen etwas umfangreicher angelegt ist, und es schadet nie, einen Seitenblick auf Hegels *Phänomenologie des Geistes* zu werfen, wo aus dieser Weite des Begriffs philosophische Funken geschlagen werden.

Ganz konsequent verfährt der Übersetzer wiederum nicht, weil das »mind-body-problem« als »Leib-Seele-Problem« wiedergegeben wird, obwohl es gute Gründe dafür gibt und der angelsächsischen Debatte besser entspräche, es nüchtern mit »Geist-Körper-Problem« zu übersetzen.[11]

Üblicherweise unterscheidet man ganz intuitiv zwischen Geist und Körper, und es scheint auch so zu sein, »daß Schmerzen, Stimmungen, Vorstellungsbilder und Sätze [...], Träume, Halluzinationen, Meinungen, Einstellungen, Wünsche und Absichten alle als ›mental‹ gelten, während die Kontraktionen des Magens, die den Schmerz verursachen, die neuralen Prozesse, die ihn begleiten, und alle übrigen Vorgänge, denen wir einen festen Ort innerhalb unseres Körpers zuweisen können, zum Nicht-Mentalen zu rechnen sind« (SN 27).

Solchen vermeintlichen »Intuitionen« misstraut Rorty. Für ihn sind sie nichts als »habits«, nichts als eingeschliffene Redensarten, die uns natürlich vorkommen – wie alles, woran wir uns gewöhnt haben (SN 70). Durch solche Redeweise bleibt eine Art von *Dualismus* am Leben, wie wir ihn von Descartes her kennen. Dieser hatte unterschieden zwischen einer *res cogitans*, dem denkenden Ding, und der *res extensa*, der ausgedehnten Materie.

Heute geben die meisten Philosophen zu, dass es hier nichts weiter gibt als den menschlichen Organismus (und das ist auch Rortys Position). Dennoch scheinen Neodualisten gern an »unterschiedlichen Vokabularen« und »alternativen Beschreibungsweisen« festhalten zu wollen. Mit der einfachen Frage »Zwei unterschiedliche Beschreibungsweisen wovon? Von etwas Mentalem oder etwas Physischem?« kann Rorty diese Position jedoch dahin reduzieren, dass von nichts weiter als Neuronen und neuronalen Verknüpfungen die Rede ist, die durchaus organischer Natur sind.

Gegenüber allen Geist-Materie-Dualismen vertritt Rorty eine eindeutig holistische, ganzheitliche Position. Das menschliche Gehirn ist für ihn vollständig aus einer Sorte von Eigenschaften zu erfassen, die man »materiell« nennen kann. Gegen diesen Gedanken steht ein berühmtes Bild von Leibniz: Wenn das Gehirn auf das Format einer Fabrik vergrößert würde und wir uns vorstellen, dass wir hindurchspazieren, dann würden wir dort zwar viele Hebel und Maschinen, aber keine Gedanken erkennen können (SN 37).

Rorty hält dagegen: Wäre uns die Funktionsweise des Gehirns hinreichend bekannt, würden wir genügend neuronale Korrelationen kennen, dann »werden wir in dieser Situation tatsächlich Gedanken sehen, d.h. wir werden unserer visuellen Wahrnehmung entnehmen können, welche Gedanken der Eigentümer dieses Gehirns gerade hat. Wenn nicht, dann eben nicht, aber jedenfalls gilt, daß wir, wenn wir durch eine Fabrik spazieren, ohne zuvor Kenntnisse über ihre Teile und deren Beziehungen zueinander erworben zu haben, in keinem Falle sehen können, was vor sich geht.« (SN 37) Das scheinbar so schlagende Beispiel von Leibniz' Fabrik ist für Rorty also nur das Problem eines Mangels an Information – etwa so, wie es ein Mangel an musikalischem Sinn ist, beim Notenlesen nicht schon die Musik dazu imaginieren zu können.

Man kann das Zusammenwirken innerhalb der Fabrik als funktionalen Zustand beschreiben – genau wie die Prozesse innerhalb des Gehirns. Funktionale Zustände sind philosophisch wenig aufregend, weil sie nur in einem sehr trivialen Sinn »nicht-materiell« sind: nämlich in dem Sinne, dass sie »nicht für alle, die hinsehen, offensichtlich« sind. Sie sind nur dann zu begreifen, wenn man sie auf einen größeren Kontext bezieht. Wer nur die Buchstaben einer Inschrift betrachtet, wird sie noch nicht lesen und begreifen können. Das ist erst möglich, wenn man sie auf den Zusammenhang der Sprache bezieht, der sie entstammen. Diese ist aber nicht immateriell, sie ist nur nicht unbedingt von vornherein jedem bekannt.

Rorty hält es für einen Denkfehler, die triviale Bedeutung von »immateriell«, wie sie etwa funktionalen Zuständen zukommt, mit dem philosophisch aufgeladenen Sinn von »immateriell« zu verbinden, wie wir ihn bei John Locke finden. »Die Konstruktion einer Lockeschen Idee erfolgt nach genau dem gleichen Schema wie die Konstruktion einer Platonischen Form – wir heben einfach eine einzelne Eigenschaft von etwas ab (die Eigenschaft rot oder schmerzhaft oder gut zu sein) und behandeln sie so, als wäre sie selbst ein Subjekt für Prädikationen und womöglich noch ein Ort kausaler Wirksamkeit.« (SN 43)

Um die Begrifflichkeit dieser Passage zu verstehen, ist es nützlich, sich ein wenig mit dem mittelalterlichen Universalienstreit vertraut zu machen, der längst vergessen schien, aber im Rahmen des Grundlagenstreits der modernen Mathematik und Logik eine erstaunliche Renaissance erlebte. Existieren die Gebilde der Mengenlehre (also Mengen, Klassen und Zahlen) eigentlich tatsächlich, wie der an Platon orientierte radikale Begriffsrealismus behauptete, oder sind sie nur Namen, nur Abstraktionen von realen Gegenständen, wie es der Nominalismus lehrt?

In der platonischen Tradition galten die Universalien, die »Formen«, als die wirklichste Wirklichkeit, während Einzelfälle als deren bloße, meist unzulängliche Ableitungen aufgefasst wurden. Das allerrealste Sein kam dem vollkommensten Wesen, also Gott zu. Die Existenz der Welt erschien demgegenüber eher als ein wenig fragwürdig. Und natürlich existierte in der platonischen Tradition das Allgemeine unabhängig und vor den Dingen: *universalia ante rem*, wie das Schlagwort hieß, mit dem man sich zu dieser Partei zu bekennen pflegte. Daneben stand ein gemäßigter Begriffsrealismus, der die Universalien in den Dingen (*universalia in re*) situierte, nicht unabhängig von ihnen und vor allem nicht außerhalb von ihnen. Diese Position wurde beispielsweise von Thomas von Aquin (1225-1274) vertreten. Die dritte Position, von der man allgemein sagt, dass sie diese Auseinandersetzung gewonnen habe, ist William von Ockhams *Nominalismus.* Sie gilt als der moderne Weg (*via moderna*) und ist ein prägendes Element in den modernen Naturwissenschaften (bis hin zur Wissenschaftstheorie Karl R. Poppers). Die Allgemeinbegriffe sind für diese Lehre nur Wörter, nur »Namen«, die Ähnliches zusammenfassen und uns dadurch eine Orientierung ermöglichen. Die Universalien sind nur im Denken, nach den Dingen (*universalia post rem*).

Die letzten beiden Schulen (der gemäßigte Begriffsrealismus und der Nominalismus) bezogen sich auf Aristoteles, der in der Tat »sein ganzes Leben damit zubrachte, auf die metaphysischen Extravaganzen seiner Vorgänger kaltes Wasser zu gießen« (SN 52). Hier ging es vor allem um seinen rätselhaften und vielinterpretierten Satz »Gegenstände können nicht prädiziert werden«, den sich die Nominalisten dahingehend zurechtgelegt haben, dass nur Einzeldinge als wirklich zu gelten haben. Zu Beginn der Neuzeit verschwand der Universalienstreit, weil er als ein bloß durch die scholastische Terminologie erzeugtes Scheinproblem angesehen wurde. Die Oxford-Philosophie brachte ihn uns zurück.

Rortys Position ist selbstverständlich die eines, wie er es nennt, »gesunden Nominalismus« (SN 44). »Gesund« meint hier: »gemäßigt«, weil in dieser Spielart nominalistischen Denkens nicht nur Einzeldinge akzeptiert werden, sondern auch Sprachkonventionen und Sprachspiele, die gewissen Allgemeinbegriffen Bedeutungen zumessen. Dieser Ansatz ermöglicht eine schnelle »Auflösung philosophischer Probleme« (SN 44): Locke wie Platon hatten über Adjektive gesprochen, als seien sie Substantive, hatten hinter dem Adjektiv »rot« eine Essenz (»die Röte«) vermutet, hinter dem Prädikat »Schmerz haben« so etwas wie eine besondere Seinsform »Schmerz«, die womöglich gar unabhängig von Körpern eine luftige Existenz führen könnte. Aus einer therapeutischen Perspektive ist mit dieser Schnellkur dem Patienten Philosophie allerdings noch nicht geholfen:

»Das wäre, wie wenn ein Psychiater einem Patienten erklärte, sein Elend resultiere aus seiner irrigen Meinung, seine Mutter wolle ihn kastrieren, und seinem verpfuschten Versuch, sich für identisch mit seinem Vater zu halten. Was der Patient möchte, ist nicht eine Liste seiner Irrtümer und Verwirrungen, sondern das Verständnis, wie er dazu kam, diese Irrtümer zu begehen und sich in diesen Verwirrungen zu verwickeln.« (SN 45)

Diese Passage ist außerordentlich wichtig für das Verständnis von Rortys Arbeitsprinzip. Er wechselt zwischen argumentativen Verfahrensweisen, die auf eine Dekonstruktion z.B. des Begriffs des Geistes abzielen, und therapeutischen Methoden, die durch die Erinnerung daran, wie die Irrtümer zustande gekommen sind, zu ihrer Beseitigung beitragen wollen. Es ist ihm selbst bewusst, dass diese therapeutischen Teile seines Werkes nur an wenigen Stellen Argumente enthalten. Rorty trennt sehr genau zwischen einerseits dem Nachweis, dass ein Gedanke falsch, ein Begriff ohne Erklärungswert ist, und andererseits der Hinterfragung, aus welchen Motiven er wohl ins Spiel gebracht worden sein mag. Anders als gewissen Anhängern Lacans würde es ihm nie in den Sinn kommen, z.B. die Logik für analsadistisch zu erklären (weil die Gedanken gewaltsam durch einen engen Kanal gezwängt werden) und zu glauben, damit sei sie widerlegt. Eine Widerlegung wäre das nicht, weil der Logiker korrekterweise replizieren müsste: Wenn es stimmt, dass Logik analsadistisch ist, dann ist es gut und keineswegs verwerflich, analsadistisch zu denken. Bei Rorty steht, ganz dem fachlichen philosophischen Standard entsprechend, die immanente Gegenargumentation an erster Stelle, die Therapie an zweiter, und er verwechselt nirgendwo Therapie und Kritik.

Die therapeutische Erinnerung der Philosophie ist die Ideengeschichte, jedenfalls dann, wenn sie in kritischer Absicht betrieben wird. Sie dient dazu, das eben durch eine nominalistische Auflösung beseitigte Geist-Körper-Probleme auf die älteren Begriffe zurückzuführen, unter denen es früher diskutiert wurde und die heute womöglich noch untergründig mitschwingen. Das sind das Problem des Bewusstseins, das Problem der Personalität (also die Frage, was ein menschliches Wesen mehr ist als Fleisch) und das Problem der Vernunft (SN 46).

Rorty versucht zu zeigen, dass Bewusstsein nichts mit Vernunft und Personalität zu tun haben muss. Wenn wir die Personalität als etwas Eigenes, vom philosophischen Begriff des Bewusstseins Unabhängiges betrachten, dann ist sie »eine Funktion unserer Entscheidungen, nicht unserer Erkenntnis, die Anerkennung eines anderen Wesens als einer Gemeinschaft zugehörig, nicht das Bewusstsein eines gemeinsamen Wesens« (SN 50). Die moralische Entscheidung, sich selbst als Mitglied der menschlichen Gemeinschaft zu sehen und entsprechend zu handeln, ist unabhängig davon, ob es einen rätselhaften geistigen Stoff gibt, der das Bewusstsein ausmacht. Die Ideengeschichte wird von Rorty so erzählt: In der griechischen Philosophie hatte man Allgemeinbegriffe als Formen aufgefasst, die das innere Auge anschauen kann. Das äußere, körperliche Auge konnte Gegenstände, etwa parallele Bergketten, identifizieren; das innere Auge konnte erfassen, dass parallele Linien sich nie berühren. Man gelangte dann sehr bald zu dem Gedanken, dass das Vermögen des inneren Auges, der *Nous* (Denken, Intellekt, Einsicht), jenes Merkmal sei, das den Menschen vom Tier unterscheide:

»Wie wir Neuzeitlichen mit der Undankbarkeit späterer Einsicht sagen können, gab es keinen besonderen Grund, warum diese visuelle Metapher von der Phantasie der Begründer des westlichen Denkens Besitz ergreifen konnte. Es geschah jedoch, und die Philosophen arbeiten noch immer die Konsequenzen aus.« (SN 51)

It just happened, and the philosophers are working out the consequences. Wie es gekommen sein mag, dass die Griechen von diesen visuellen Metaphern fasziniert waren (während z.B. die Mystiker für die Wahrheitssuche die sexuelle Metapher der Vereinigung vorzogen), kann und muss Rorty nicht beantworten. Das eigentliche Problem begann jedoch mit der cartesischen Wende zur modernen Erkenntnistheorie. Auch hier war es das innere Auge, das die Darstellungen, die sich im Bewusstsein befanden, durchmusterte »in der Hoffnung, etwas ausfindig zu machen, was ihre Genauigkeit verbürgt« (SN 59).

Damit kommt ein Bedeutungswandel ins Spiel: In der griechischen Philosophie, jedenfalls bei Aristoteles, war der *Nous* Spiegel und Auge in einem. Bei Descartes ist der Intellekt ein inneres Auge, »das Entitäten betrachtet, die nach dem Modell von Netzhautbildern zu denken sind« (SN 58). Dadurch wurde das Mentale zum einzigen Gegenstand des Denkens. »Empfinden« war für Descartes in dem von ihm gemeinten »präzisen« Sinn »nichts anderes als Denken« (SN 65), so dass damit die aristotelische Unterscheidung zwischen der *Vernunft* als dem Erfassen von Universalien und dem *lebenden Körper*, der für Empfindungen und Bewegung zuständig ist, verloren geht (SN 65). Daraus folgt: Das Leib-Seele-Problem bei den Griechen war ein ganz anderes als in der Moderne. Heute ist es die Unterscheidung zwischen dem Bewusstsein und allem, was nicht Bewusstsein ist, also der res cogitans, die der res extensa gegenübergestellt wird.

Bei Descartes werden Schmerzen, Träume, Erinnerungsbilder, Halluzinationen genauso wie Begriffe von Gott, Zahlen usw. zu Inhalten des Bewusstseins. Rorty deutet das ihnen gemeinsame Moment als »Unbezweifelbarkeit, d.i. die Tatsache, daß Schmerzen wie auch die meisten Meinungen von solcher Art sind, daß das Subjekt nicht bezweifeln kann, daß es sie hat, während es bezüglich aller physikalischen Sachverhalte Zweifel haben kann« (SN 68).

Die früheren Philosophen orientierten sich meist an Platon, der meinte, »nur das Ewige könne mit Gewißheit erkannt werden« (SN 73), während Descartes die Unbezweifelbarkeit zum Kriterium der inneren Wahrnehmung erhob. Diese Unbezweifelbarkeit ist »nicht mehr Merkmal des Ewigen, sondern kennzeichnet etwas, für das die Griechen keinen Namen hatten – Bewußtsein« (SN 72). Mit Descartes wurde das ontologische Paradigma durch das der Bewusstseinsphilosophie abgelöst.[12] Man könnte es auch so formulieren: Das Mentale war nun nicht mehr, wie in der griechischen Philosophie, die Vernunft, sondern einfach ein innerer Schauplatz, und »anstelle des Lebens wurde die Wissenschaft zum Thema der Philosophie und die Erkenntnistheorie zu ihrem Kern« (SN 76). In den wenig respektvollen Worten Jaegwon Kims lautet dieser Gedanke so: »Während die paradigmatische Tätigkeit der Seele für Platon das vernünftige Denken war, werden in der heutigen Diskussion mentaler Ereignisse vor allem solche niederen Ereignisse wie Juckreiz und Zahnschmerzen erwähnt.«[13]

In immer neuen Formulierungen kreist Rorty diesen Bedeutungswandel ein und setzt ihn gleichzeitig dem Spott aus: »Für die Antike war der Geist ganz offenkundig einer selbständigen Existenz fähig, wenn er das Unveränderliche anschaute und selbst unveränderlich war. Die Moderne dagegen gesteht sie ihm vor allem dann zu, wenn er ein aufgeregtes Bündel von Empfindungen ist.« (SN 82 f.)

Die visuelle Metapher des Erkennens als inneres Sehen hat ihren Ursprung bei Platon. Jedenfalls kann man mit einigem guten Willen eine kleine Passage im »Staat« (510a) so interpretieren. Diese Metapher ergab sich nicht mit Notwendigkeit, sondern »einfach so«. Bei Descartes wurde sie transformiert in das Bewusstsein, das unsere innere Wahrnehmung, den Spiegel der Natur, reflexiv betrachtet. Rorty nun hält die Frage des Bewusstseins nicht für so zentral wie die bisherige Philosophie. Die Konstruktion des Bewusstseins in der eben angedeuteten neuzeitlichen Form sagt ja in der Tat nicht besonders viel über die Freiheit und Personalität aus, als deren Grundlegung sie eigentlich hatte dienen sollen. Denn »als Wesen, die Schmerzen und Neuronen haben, stehen wir mit vielen, wenn auch nicht mit allen Tieren auf gleicher Stufe« (SN 48). Eines der Hauptthemen, auf das Philosophen sich zu stürzen pflegen, ist aber gerade der möglichst objektive Beweis unserer Einzigartigkeit. Die Frage des Bewusstseins, die das Denken der Neuzeit so sehr bestimmt hat, sollte also auf keinen Fall verwechselt werden mit der Frage der Vernunft oder der Person. Für die Unverwechselbarkeit unserer Personalität müssen nach Rorty heute ganz andere, ästhetische Momente angeführt werden. »Unsere unverbrüchliche Einzigartigkeit besteht in unserem poetischen Vermögen, einzigartige und dunkle Dinge zu sagen, nicht in unserem Vermögen, gewisse Trivialitäten nur zu uns selbst sagen zu können.« (SN 141) Rorty zeichnet hier ein im positiven Sinne romantisches Bild unserer Individualität, das sich mit den poetischen Selbsterschaffungskonzeptionen etwa des jungen Friedrich Schlegel deckt, wie Rorty überhaupt in vielem, auch in der Leichtigkeit, mit der er mit großen philosophischen Themen umgeht, an Schlegel erinnert, den romantischen Intellektuellen par excellence. Zu Recht charakterisiert er seine eigenen Konzepte als »romantischer [...] als die Theorie von Habermas« (SO 9), was nicht ganz selbstverständlich ist, wenn man andere Texte heranzieht als die tatsächlich Grau in Grau gehaltene *Theorie des kommunikativen Handelns* und wenn man bedenkt, wie häufig sich Habermas seit seiner Dissertation auf Schelling berufen und an ihn angeknüpft hat.

Mit diesem positiven Romantikbild ist nicht die doktrinär erstarrte katholische Spätphase der Romantik gemeint, sondern die Zauberwelt jener phantasievollen Gesprächskreise um Caroline Schlegel-Schelling und Dorothea Schlegel, um Friedrich Schlegel und Clemens Brentano, in denen witzig, schwärmerisch, aber zugleich selbstdistanziert-ironisch und immer in der brillantesten sprachlichen Formung neue Denkweisen erprobt wurden.

Zusammenfassend kann man sagen: »Die Idee, es gebe in Bezug auf Leib und Seele ein Problem« (SN 144), hat ihren Ursprung darin, dass man seit dem siebzehnten Jahrhundert den Bereich der »Philosophy of Mind«, des Mentalen, mit den ambitiösesten Vorstellungen von Vernunft und Individualität verkoppelte. Diese Verknüpfung funktionierte über die visuelle Metapher, den Spiegel der Natur, obwohl die Probleme sich so unterschiedlich stellten, dass in der Moderne von einem Leib-Seele-Problem nach Rortys Meinung nur in sehr trivialer Weise noch die Rede sein kann. Es besteht in dem vermeintlich metaphysischen, in Wirklichkeit aber erkenntnistheoretischen »Problem unserer privilegierten Zugangsweise« (SN 84) zu diesem Bereich.

Diese privilegierte Zugangsweise wird meist mit den von außen in der Tat unbestreitbaren Aussagen über eigene Schmerzen illustriert. In einer kühleren philosophischen Perspektive ist damit aber nicht die Existenz eines seinsmäßigen, eines ontologischen Dualismus von Leib und Seele, von Geist und Körper bewiesen, sondern nichts weiter, als dass man eine Person alles das schon selbst fragen und bestätigen lassen muss, was sie auf einen Satzbeginn wie »ich empfinde« folgen lässt, denn auf einen solchen Satzbeginn kann in der Tat Beliebiges folgen. Dass gewisse Philosophen das Beispiel des Schmerzes so besonders einleuchtend finden, hängt damit zusammen, dass Schmerzen anders als das, was man vielleicht unbedingt glauben will, ja doch ein unwillkürliches, unbeeinflussbares Element, damit etwas in irgendeinem Sinne »Objektives« zu haben scheinen. Schmerzen gelten als so unangenehm, dass wir sie uns normalerweise gar nicht einbilden *wollen*; wir *haben* sie und wären froh, wenn sie nur eine Einbildung wären. Aber auch diese triviale »Auflösung« (dissolution) des Problems sagt nur, dass dies eben die gegenwärtige sprachliche Konvention ist, und jede Arzthelferin wird aus ihrer Erfahrung eine komplexere Schmerztheorie beitragen können (bei Ärzten bin ich mir nicht so sicher).

3.3 Gegen die Idee einer Erkenntnistheorie

Hauptangriffspunkt von Rortys Generalkritik an der Philosophie ist die Idee einer »Erkenntnistheorie«. Insofern ist sein Denken grundsätzlich gegen Kant gerichtet, denn durch Kant wurde die Erkenntnistheorie und damit die Philosophie selbst zur Fundamentaldisziplin aller übrigen Wissenschaften. Genaugenommen waren es allerdings erst die Neukantianer der zweiten Hälfte des neunzehnten Jahrhunderts, die »den Terminus ›Erkenntnistheorie‹ zu seiner jetzigen akademischen Würde promovierte(n)«[14]. Erst im Rückblick aus dieser Perspektive hat man dann die Wurzeln der Besinnung auf unser Erkenntnisvermögen in Descartes' *Meditationen über die Erste Philosophie* und in Spinozas *Abhandlung über die Verbesserung des Verstandes* aufgefunden. Manchmal wird diese neuere Fragestellung sogar auf die Antike zurückprojiziert. Der Gedanke einer Erkenntnistheorie wurde sich jedoch in Wirklichkeit »erst bei Kant seiner selbst bewußt und erst spät im neunzehnten Jahrhundert in die Struktur akademischer Institutionen und in das feste und unbeirrte Selbstverständnis der Philosophieprofessoren eingebaut« (SN 150). Für Thomas Hobbes etwa gab es diese Idee, dass die Philosophie über der Wissenschaft, der Religion und der Kunst stehe und ihnen allen den ihnen zustehenden Bereich zuweise, noch nicht. Für ihn war sie von Wissenschaft nicht unterschieden. Er definierte sie als »eine Erkenntnis der Wirkungen oder Erscheinungen, die durch korrektes Schließen aus ihren bekannten Ursachen oder Ursprüngen erworben wurde, sowie umgekehrt der möglichen Ursprünge aus den bekannten Wirkungen«[15].

Im Mittelalter war die *Metaphysik* die Königin der Wissenschaften, weil sie mit dem Allerallgemeinsten, dem Allerhöchsten (z.B. den Gottesbeweisen) und dem am wenigsten Materiellen befasst war (SN 150). Und diese Königswürde war seit Francis Bacon und Thomas Hobbes durch eine nüchterne, fast handwerkliche Wissenschaftlichkeit bedroht.

Erst Kant gelang es, die Metaphysik in einer neuen, zeitgemäßeren, aber auch verdünnten Form als Erkenntnistheorie wieder zu einer Fundamentaldisziplin zu machen. Als sie sich in der zweiten Hälfte des neunzehnten Jahrhunderts mit dem Schlachtruf der Neukantianer »Zurück zu Kant!« durchsetzte, war dies die kühle, die rationale Antwort auf die großen Systeme, mit denen Fichte, Schelling und Hegel die intellektuelle Szene Deutschlands und damit des philosophischen Denkens jener Zeit dominiert hatten und an die um 1850 niemand mehr recht glaubte.

Der Untergang des spekulativen Idealismus hatte nicht nur befreiende Wirkungen. Er brachte auch eine besondere Art von

Öde in das philosophische Denken, die William James in einem berühmten Brief an George Santayana vom 2. Mai 1905 das »fade Grau in Grau unserer kahlköpfigen Ph.D.'s« nannte, »die einander in den Seminaren langweilen, diese gräßlichen Literaturberichte in *Philosophical Review* und anderswo schreiben, sich von ›Sekundärliteratur‹ ernähren und niemals ›Ästhetik‹ und ›Erkenntnistheorie‹ verwechseln«[16]. Heute würde eine solche Briefpassage wahrscheinlich schließen: »[...] und es niemand mehr wagt, einen naturalistischen Fehlschluß zu begehen«. Abgesehen vielleicht von den kahlen Köpfen, die eine Spezialität der damaligen Zeit gewesen sein müssen, trifft diese Charakterisierung auch heute noch auf eine große Zahl unserer philosophischen Seminare in England, den USA und Deutschland zu.

Das Erfrischende an Rortys Ansatz ist, dass er die Entstehungsgeschichte und die Hintergründe dieser Ödnis aufdeckt und einen »neuen Ton« in die Philosophie zu bringen versucht. Sein Denken hatte wohl deshalb zuerst bei den Studenten Erfolg und geriet über deren Beiträge in den akademischen Diskurs – während der Einfluss der sprachanalytischen Philosophie von einer ganz anderen akademischen Schicht, nämlich den Assistenten der sechziger Jahre sowohl gegen die damaligen Professoren als auch und vor allem gegen die Studenten durchgesetzt wurde. Jene theoretisch anspruchsvolle, aber ansonsten recht weltferne Schultradition entsprach am besten ihrem doppelten Bedürfnis nach exklusiver akademischer Qualifikation und Abgrenzung gegenüber den Altvorderen. Rortys Anspruch dagegen, die pragmatistischen Traditionen wiederzubeleben, sich von den Schulproblemen ab- und den Weltproblemen zuzuwenden, den klassischen Selbstzweifel der Philosophie wieder zu wagen (statt sich als solides »Fach« gegen alle Stellenkürzungsversuche zu immunisieren) und darüber noch in einem brillierenden sprachlichen Stil zu schreiben, musste bei dieser Gruppe Vorbehalte wecken. Wenn schon nicht die eigene soziale Stellung, so waren doch wenigstens die Denkgewohnheiten und die Selbsteinschätzung bedroht, man marschiere an der Spitze aller möglichen theoretischen Neuerungen.

Rortys »Story« der Erkenntnistheorie, wie man sie in Anlehnung an Ernst Gombrichs *The Story of Art* nennen könnte, geht so: Hobbes und Descartes hatten die spätmittelalterliche *»Philosophie der Schulen«* in Frage gestellt, abgelehnt und dadurch die eigentlich moderne, wissenschaftsnahe Philosophie begründet. Wie konnte es nun geschehen, dass im neunzehnten Jahrhundert die Philosophie als »eine autonome, in sich geschlossene, ›scholastische‹ Disziplin« (SN 154) wiedererrichtet wurde? Rortys These (die er ebenso wie Ludwig Wittgenstein und John Dewey vertritt) ist, »daß man nur dann von einem Erkenntnisproblem sprechen kann, wenn man das Erkennen als eine Ansammlung von Darstellungen (representations) betrachtet. [...] Die Moral wird schließlich lauten: Ist diese Auffassung von Erkenntnis hinfällig, so auch die Erkenntnistheorie und die Philosophie, wie sie sich seit der Mitte des vergangenen Jahrhunderts verstanden hat.« (SN 159f.)

Descartes hatte den »Geist« erfunden; Locke hat daraus das Gegenstandsgebiet einer Humanwissenschaft (moral philosophy im Unterschied zu einer natural philosophy) gemacht. »Dieses Projekt, durch eine Untersuchung der Arbeitsweise unseres Verstandes mehr darüber herauszufinden, was wir erkennen können und wie wir es besser erkennen können, erhielt schließlich den Namen ›Erkenntnistheorie‹.« (SN 155) Kant hat den Schritt vollzogen, daraus ein nicht-empirisches Projekt zu machen, eine »armchair philosophy«, die man als Nachdenken über das Apriori der Erkenntnis ohne anstrengende internationale Reisetätigkeit gleichsam zu Hause im Ohrensessel vollziehen konnte.

Die berühmte Stelle in der Vorrede zur zweiten Auflage der *Kritik der reinen Vernunft*, in der Kant seine kopernikanische Wende beschreibt, sei hier zur Verdeutlichung zitiert:

»Bisher nahm man an, alle unsere Erkenntnis müsse sich nach den Gegenständen richten; aber alle Versuche über sie a priori etwas durch Begriffe auszumachen, wodurch unsere Erkenntnis erweitert würde, gingen unter dieser Voraussetzung zunichte. Man versuche es daher einmal, ob wir nicht in den Aufgaben der Metaphysik damit besser fortkommen, daß wir annehmen, die Gegenstände müssen sich nach unserem Erkenntnis richten, welches so schon besser mit der verlangten Möglichkeit einer Erkenntnis derselben a priori zusammenstimmt, die über Gegenstände, ehe sie uns gegeben werden, etwas festsetzen soll. Es ist hiermit eben so, als mit den ersten Gedanken des Kopernikus bewandt, der, nachdem es mit der Erklärung der Himmelsbewegungen nicht gut fort wollte, wenn er annahm, das ganze Sternenheer drehe sich um den Zuschauer, versuchte, ob es nicht besser gelingen möchte, wenn er den Zuschauer sich drehen, und dagegen die Sterne in Ruhe ließ.«[17]

Kant hatte den in der Tat revolutionären Gedanken, Raum und Zeit seien nicht »dort draußen« einfach »vorhanden«, sondern bildeten die Methode unseres Erkenntnisvermögens, mit deren Hilfe es sich die unstrukturierte Mannigfaltigkeit der Erscheinungen sinnvoll zurechtlege. Wir »konstituieren« die Objekte unserer Erkenntnis, indem wir sie in Raum und Zeit ansiedeln. Kant setzte voraus, dass wir zu unserer Innenwelt einen privilegierten Zugang haben und darüber besser Bescheid wissen können als über das »Draußen« – ein Gedanke, der seit Descartes im philosophischen Bewusstsein nach und nach selbstverständlich geworden war. Die Frage, woher wir dieses Wissen von unseren inneren Vorgängen haben können, hat Kant in der *Kritik der reinen Vernunft* nicht beunruhigt – das war vorausgesetzt. John Locke hatte geglaubt, durch die empirische Beschreibung unseres Erkenntnisvermögens philosophisch etwas ausrichten zu können. Kant denunzierte das als ein unphilosophisches, bloß physiologisches Vorgehen. Ein apriorisches, kein empirisches Verfahren müsse angewandt werden: Er wollte dasjenige in den Blick bekommen, was aller Erkenntnis notwendigerweise immer schon zugrunde lag, und hat darüber hinaus die Grundfragen der Erkenntnistheorie in einer Begrifflichkeit formuliert, die es trotz der grundsätzlichen kopernikanischen Wende erlaubte, wichtige Kontinuitäten zum Erkenntnisbegriff der antiken und der mittelalterlichen Philosophie zu sehen. Damit schuf er laut Rorty auch die Grundlagen für die Philosophiegeschichtsschreibung modernen Stils (SN 157), die »Doxographie«, »die heute das verstaubteste und dubioseste Genre der Philosophie« ist.[18] Dieses Genre wurde von Neukantianern ausgearbeitet, die die ewigen »Hauptprobleme der Philosophie« verfolgen: von Thales oder Descartes bis zu irgendeiner zeitgenössischen Gestalt. »Es ist dieses Genre, das Langeweile und Verzweiflung verursacht.«[19] Es erweckt nämlich den Anschein, als hätten sich alle Philosophen von der Antike bis zur Gegenwart mit den Problemen der Neukantianer beschäftigt. Die Einheitlichkeit der Problemstellungen wird durch Begriffsgleichsetzungen hergestellt. Bei präziserem hermeneutischen Hinsehen, wie Rorty es verlangt, verfliegt dieser Schein sehr schnell. Oft genug stellt sich nämlich heraus, dass eine bestimmte Philosophie der Vergangenheit eine eigene (keine extrapolierte, ihr lediglich *zugeschriebene*) Lösung schon deshalb nicht beizusteuern vermag, weil sie sich das Problem überhaupt nicht stellte, vielleicht auch noch gar nicht stellen konnte. Die Frage, wie sich ein bestimmtes Problem innerhalb eines bestimmten philosophischen Denkens tatsächlich gestellt hat, fällt nicht in das Interesse der Doxographie. Darüber könnte nur eine umfassende »intellectual history«, wie sie Rorty sich vorstellt, Auskunft geben.

Gerade dieses Beispiel der neukantianischen Problemgeschichtsschreibung macht deutlich, dass Rorty überall dort, wo er sich gegen Kant äußert, in erster Linie bestimmte Erscheinungsformen des Neukantianismus meint. In einem Punkt aber trifft er eine problematische Eigenheit, die für Kant wie für die Neukantianer gleichermaßen charakteristisch ist: die Neigung zu juristischen Metaphern. Die Philosophieprofessoren zitieren die übrigen Wissenschaftler vor das Tribunal der reinen Vernunft und entscheiden, natürlich wieder im »armchair«, wem welcher Bereich zuzusprechen ist.

John Locke hatte keine juristische Metaphorik, sondern eine wissenschaftlich-kausalistische verwendet. Er glaubte, dass wir einen Gradmesser für die Berechtigung unserer Meinungen hätten, wenn wir ihre Kausalität, ihre physiologischen Ursachen, kennen würden. Eine Wahrnehmung hinterlasse gleichsam einen »Eindruck« auf der Wachstafel des Erkenntnisvermögens. Diese Metapher liegt im Zentrum seines philosophischen Systems. Entfaltet man sie, ergibt sich ein irritierender Befund. Interessant ist dann nicht der Eindruck auf der Wachstafel, sondern vielmehr die Beobachtung dieser Wahrnehmung durch ein inneres Auge, also eine Art innere Selbstbeobachtung unserer Erkenntnis. Eindrücke waren für Locke Darstellungen (representations). Hinzukommen müsste ein Vermögen, das diese Darstellungen beurteilte, statt sie einfach nur zu haben (SN 162). Diese Trennung war aber Locke offenbar nicht bewusst, und Kant sah zu Recht den grundlegenden Fehler des Empirismus darin, nicht zwischen fundiertem Wissen und materiellem Erkenntniseindruck unterscheiden zu können, also nicht zwischen »Wissen dass« und »Kenntnis haben von«. Bis heute »sagt« und suggeriert uns der Sinneseindruck, dass die Sonne auf- und untergeht, obwohl es uns die Wissenschaft seit Jahrhunderten bewiesen hat und wir »wissen«, dass es die Erde ist, die sich bewegt, und nicht die Sonne. Wahrnehmung und Wissen stehen – in diesem berühmtesten aller Beispiele – in völligem Gegensatz. Alle Versuche, »Wissen dass« auf »Kenntnis von« zu reduzieren, und damit alle Versuche, »unsere Erkenntnis nach dem Modell des Sehens zu denken« (SN 165), scheitern spätestens an dieser Frage.

Deshalb ist Kant gegen Locke mit seiner Formel im Recht, die besagt, bloße Anschauung ohne Begriffe sei blind. Allerdings legt er nur »die halbe Wegstrecke zu einer Konzeption des Erkennens, die *nicht* die Wahrnehmung zum Modell« hat, zurück (SN 166). Kant verwickelte sich nämlich bei seinem Antwortversuch in eine Paradoxie: Er konzentrierte sich auf den inneren Raum unserer Erkenntnis und fasste die äußere Welt als Erscheinung auf, die aus dem Material unserer inneren Vorstellungen konstruiert sein solle. Diese Paradoxie, nach der die Außenwelt auf eine rätselhafte Weise zwar als »Ding an sich« vorhanden ist, für unser Erkenntnisvermögen aber nur in unseren Köpfen existiert, beruht nach Rorty auf Kants »Kontamination von Prädikation und Synthesis« (SN 167). Er hat zwei Dinge – bis zur Verwechslung – miteinander verquickt: die Prädikation, die etwas über einen Gegenstand aussagt, und die Synthese, die in unserem inneren Raum Vorstellungen zusammensetzt. Für Kant liegt das, was in einer Erkenntnis geleistet wird, darin, Anschauung und Begriff aufeinander zu beziehen. Beides sind Vorstellungen, die Anschauungen sind eher bildhafter Natur – sie sind der *Spiegel der Natur.*

Hätte Kant statt von Anschauungen von Propositionen gesprochen, also von Bedeutungen oder Inhalten von Aussagesätzen, dann hätten »die nächsten beiden Jahrhunderte des philosophischen Denkens [...] vielleicht ganz anders ausgesehen« (SN 167). Kant handelte jedoch nicht von Sätzen, sondern von inneren Vorstellungen, den »Anschauungen«. Dieses Bild wurde für das Fach Philosophie beinahe selbstverständlich, C.I. Lewis hat es »eine der ältesten und umfassendsten philosophischen Einsichten« genannt: »Es gibt in unserer kognitiven Erfahrung zwei Elemente: die unmittelbaren Daten wie etwa die der Sinne, die sich dem Bewußtsein präsentieren oder ihm gegeben sind, und eine Form, Konstruktion oder Interpretation, welche die Aktivität des Verstandes ausmacht.«[20]

Kühl konstatiert Rorty, dass diese Einsicht weder alt noch umfassend ist, sondern ein Produkt der neuzeitlichen Erkenntnistheorie. Den Philosophiegeschichtsbüchern sollte man als gründlicher Hermeneutiker niemals trauen. Der Begriff »Erfahrung«, wie er bei Lewis verwendet wird, ist himmelweit unterschieden von seiner alltagssprachlichen Verwendung (als Erfahrung im Beruf, in der Liebe) und nur als Kunstausdruck kantischer Prägung überhaupt verständlich. »Es ist nicht so, daß man unvermeidlich über die Unterscheidung von Anschauung und Begriff stolpert, wenn man mit seinen philosophischen Meditationen beginnt.« (SN 170) Man muss dazu schon in das »erkenntnistheoretische Sprachspiel und in die ›Philosophie‹ genannte professionelle Lebensform« (ebd.) hineinsozialisiert worden sein. Die Dualität von Anschauung und Begriff ist uns nur scheinbar selbstverständlich – weil jeder Philosoph Kant gelesen hat, denn es ist natürlich nicht möglich, als Philosoph ernst genommen zu werden, ohne die *Kritik der reinen Vernunft* zu kennen (SN 168). Hätte Kant jedoch einen anderen Weg gewählt und »Erkenntnis als eine Relation zwischen Personen und Propositionen« (SN 171) aufgefasst, also zwischen dem Wahrnehmenden und Sätzen, dann hätte er den Synthesisbegriff nicht benötigt. Rorty schlägt ihm posthum eine pragmatistische Erkenntnistheorie vor: »Er hätte die Person als einen ›schwarzen Kasten‹ betrachten können, der Sätze von sich gibt, deren Rechtfertigung in seiner Beziehung zu seiner Umwelt zu suchen ist.

[...] Die Frage ›Wie ist Erkenntnis möglich?‹ hätte dann der Frage ›Wie sind Telefone möglich?‹ geglichen und soviel bedeutet wie ›Wie kann man etwas konstruieren, was das kann?‹« (SN 171) Statt der Erkenntnistheorie wäre dann eine physiologische Psychologie herausgekommen, eben die neuronale Gehirnforschung, wie wir sie heute haben.

Die Unterscheidung von Anschauung und Begriff erscheint nur dann einleuchtend, wenn man vorher bei Locke (und schon bei Aristoteles) gelernt hat, »das Erkennen nach dem Modell der Wahrnehmung zu denken« (SN 173). Rorty fragt:

> »Woher wissen wir aber, wenn wir Locke und Hume nicht gelesen haben, daß dem Bewußtsein ein Mannigfaltiges gegeben ist? [...] Daß dem so sei, können wir nicht durch Introspektion erkennen, da wir uns zu keiner Zeit unsynthetisierter Anschauungen bewußt werden, wie wir auch unabhängig von ihrer Anwendung auf Anschauung kein Bewußtsein von Begriffen haben. Die Lehre, daß es ein solches Bewußtsein nicht gibt, macht gerade den Fortschritt Kants in die Richtung einer Auffassung der Erkenntnis als des Wissens von Propositionen (Bedeutungen, Satzgehalte), nicht des Kennens von Gegenständen, aus. [...] Allgemeiner gesagt, woher haben wir, wenn wir im Begriff sind zu zeigen, daß wir uns nur synthetisierter Anschauungen bewußt sein können, unsere Informationen über Anschauungen vor der Synthesis?« (SN 172f.)

Ein Mystiker z.B. könnte uns ja genausogut sagen, in der Anschauung biete sich uns »der weiße Glanz des Ewigen« als Einheit dar, die dann vom begrifflichen Denken zerstückelt werde (SN 173). Rorty zitiert hier Shelleys Klagelied *Adonais*, wo es in der viertletzten Strophe heißt:

> Life, like a dome of many-colored glass,
> Stains the white radiance of Eternity,
> Until Death tramples it to fragments.

Kann man wirklich entscheiden, ob die Einheit, wie Kant glaubt, erst durch Erkenntnis hergestellt wird, oder ob sie, wie der Mystiker annimmt, vorgegeben ist und durch unzulängliche Erkenntnismittel eher verspielt wird? Freilich ist heute auch ohne weiteres denkbar, dass jemand gleichmütig einräumt, davon hänge im Grunde gar nichts ab, denn »Anschauung« und »Begriff« sind »in ihrer Kantischen Bedeutung nur der Kontextdefinition fähig« (SN 173), d.h., sie haben wie in der heutigen Physik »Elektron« oder »Proton« nur als Bestandteile einer Theorie Bedeutung, die etwas zu erklären hofft. Man kann das zugeben, zerreißt dann aber »die letzte Verbindung zu Lockes und Descartes' Appellen an die besondere Gewißheit« (SN 173), die wir von innen her durch die Selbstbeobachtung unseres eigenen Erkenntnisvermögens erlangen können.

Die ganze kopernikanische Wende von Kants Denken ist dann plötzlich nicht mehr attraktiv, denn ihre Pointe beruhte ja gerade darauf, »daß wir zu unserer Aktivität des Machens privilegiert Zugang haben. Nach der eben gegebenen Kant-Interpretation gibt es jedoch keine solche privilegierte Zugangsweise zu unserer konstituierenden Tätigkeit.« (SN 174) Das Ganze bleibt dann nur noch eine Annahme, ein Erklärungsmodell, das aber nicht mehr recht trägt, wenn man den Glauben an den privilegierten Zugang verloren hat.

Diese Kritik enthält ein wichtiges und immer wiederkehrendes Element: Wenn man die Denkweise verändert, nicht mehr vom »Gegebenen« oder von »Anschauung« spricht, sondern von Sätzen und deren Bedeutung, den Propositionen, wenn man sich also einen wichtigen Schritt der sprachanalytischen Philosophie zu Eigen macht, dann löst sich die so genannte Erkenntnistheorie auf.

Nun könnte man einwenden, dass es schon seit Platon eine Unterscheidung von Anschauung und Begriff gibt, von sinnlicher Wahrnehmung und Verstand. Rorty hält das für eine nicht ganz richtige Interpretation dessen, was das »Platonische Prinzip« genannt wird,[21] »dem zufolge unterschiedlichen Graden der Gewißheit verschiedene Erkenntnisgegenstände entsprechen sollen« (SN 175). So wie wir unterschiedliche Sinne für Farben und Gerüche haben, hätten wir diesem Gedanken zufolge unterschiedliche Vermögen, Steine oder mathematische Zahlensysteme zu erfassen. Rorty hält diese Überlegung für eine typische Konsequenz des Versuches, Erkenntnis nach dem Modell der Wahrnehmung zu denken, das Erkennen also als Spiegel der Natur zu konzipieren. Man kann das am besten an der Gegenprobe erkennen: Denkt man sich die Gewissheit des Satzes des Pythagoras nicht als auf die besondere Beziehung der Vernunft zur Dreieckigkeit gegründet, sondern »als unsere auf die Erfahrung mit solchen Argumenten gegründete Überzeugung, niemand werde einen Einwand gegen die Prämissen finden, aus denen wir ihn ableiten« (SN 176), dann muss man nach der *Argumentation* unserer Gesprächspartner Ausschau halten, nicht mehr nach dem Erkenntnisvermögen.

Rorty lässt sich die Gelegenheit nicht entgehen, dieses Argument zu einer Provokation gegen das an Platon anschließende philosophische Denken überhaupt zu nutzen: »Kurz, wir werden dort stehen, wo die Sophisten standen, bevor Platon von seinem Prinzip Gebrauch machte und das ›philosophische Denken‹ erfand: Wir werden nicht nach einem unerschütterlichen Fundament Ausschau halten, sondern nach unanfechtbaren Argumenten. Wir werden uns in jenem Raum aufhalten, den Sellars ›den logischen Raum des Begründens‹ nennt, nicht im Raum kausaler Relationen zu Gegenständen.« (SN 176) Die griechischen Sophisten sind die wohl am schlechtesten beleumundete Philosophengruppe überhaupt, denn die Betonung der Argumentation und des Diskurses hat auch ihre Schattenseiten. Wer im

Diskurs unbedingt siegen wollte, neigte natürlich zu Tricks, zu Scheinbeweisen, wie sie Aristoteles systematisch in den *Sophistischen Widerlegungen* aufgedeckt hat.

Hegel gehört zu den wenigen Geschichtsschreibern der Philosophie, die sich bemühten, auch Gutes über die Sophisten zu sagen: Sie waren Meister im Räsonnieren und die Lehrer Griechenlands, durch welche die Bildung zur Existenz kam.[22] Noch weiter in ihrer Rechtfertigung ging Nietzsche, der sie für »nichts weiter als Realisten« hielt, Platon dagegen für einen großen Cagliostro.[23]

Rorty argumentiert gegen den platonischen Traum, Wahrheiten zu erlangen, die »nicht aufgrund der Argumentation gewiß sind, die wir für sie anführen« (SN 176), sondern durch irgendwelche tieferen Ursachen. Das Denken soll in der platonischen Tradition, die die Philosophie bis heute bestimmt, so etwas Ähnliches sein wie das Wahrnehmen – nur dann kann man sinnvoll auf den Gedanken von objektiven Fundamenten kommen. »Paradigmatisch notwendige Wahrheiten wie die Axiome der Geometrie bedürfen vermeintlich keiner Rechtfertigung, keines Arguments, keiner Diskussion – sie sind so undiskutierbar wie der Befehl eines Zeus, der uns mit dem Blitzbündel bedroht, oder die Verfügung einer Helena, die uns von ihrem Lager aus zuwinkt.« (SN 177)

Das ist das platonische Prinzip »Wahrheit gleich Wahrnehmung«, nicht »Wahrheit gleich unbestrittene Argumentation«. Dieses Prinzip erfuhr dann auf dem Weg zur modernen Erkenntnistheorie eine bemerkenswerte Wendung: Locke suchte in der Gewissheit darüber, wie die Dinge den eigenen Sinnen erschienen, also im Reich der Sinne, nach den Erkenntnisfundamenten. Dieser Gedanke konnte der Kritik Humes und Kants nicht lange standhalten. Kant arbeitete aber im Grunde in der gleichen Richtung weiter: Er suchte nun nach den Regeln, die der Geist sich selbst gegeben hatte (SN 180); und blieb mit seinen Metaphern vom »Konstituieren«, »Herstellen«, »Machen«, »Formen«, »Verbinden« etc. der Konzeption von Erkenntnis als Wahrnehmung (statt als argumentatives Aufstellen von Behauptungssätzen) treu.

Auch in der angelsächsischen Philosophie, die immer ihre Distanz zu Kants Annahme synthetischer Wahrheiten a priori betont hatte, blieb man in dieser Hinsicht kantianisch: Man studierte die »formalen«, die »strukturellen« Aspekte unserer Meinungen, man wies den jeweiligen Disziplinen die Bereiche zu, in denen sie Begründungsansprüche erheben konnten. »Die großen Ausnahmen dieses neokantianischen Konsenses waren erneut Dewey, Wittgenstein und Heidegger.« (SN 181 f.)

Die Berufung gerade auf Heidegger mag hier erstaunen, denn dessen Pathos liegt Rorty außerordentlich fern. Er bezieht sich auf einen Text, den Heidegger zwischen 1936 und 1946 geschrieben hat: *Die Überwindung der Metaphysik*. Um den völlig unterschiedlichen, ja geradezu gegensätzlichen Geist spürbar werden zu lassen, der die Sprache und die Gedanken Heideggers und Rortys voneinander trennt, gebe ich zunächst ein charakteristisches Zitat aus dem Heidegger-Text, anschließend dann das nüchterne Fazit, das Rorty aus den auf diese Stelle folgenden Ausführungen Heideggers zur Erkenntnistheorie zieht.

Heidegger: »Ehe das Sein sich in seiner Wahrheit ereignen kann, muß das Sein als der Wille gebrochen, muß die Welt zum Einsturz und die Erde in die Verwüstung und der Mensch zur bloßen Arbeit gezwungen werden. Erst nach diesem Untergang ereignet sich in langer Zeit die jähe Weile des Anfangs. Im Untergang geht alles, d.h. das Seiende im Ganzen der Wahrheit der Metaphysik, zu seinem Ende. Der Untergang hat sich schon ereignet. Die Folgen dieses Ereignisses sind die Begebenheiten der Weltgeschichte dieses Jahrhunderts.«[24]

Rorty: »[...] wir können jedoch von Heidegger zumindest den Gedanken übernehmen, daß das Bedürfnis einer Erkenntnistheorie nichts weiter ist als das jüngste Produkt einer ursprünglich gewählten Metaphysik.« (SN 182)

Zu Heidegger hat Rorty über lange Jahre ein umfassendes Werk angekündigt, dessen Erscheinen er schließlich aufgab. Stattdessen hat er dem zweiten Band seiner »Philosophical Papers« den Titel *Essays on Heidegger and others* gegeben. Er fühlt eine gewisse Verwandtschaft zu Heideggers Grundsatzkritik der abendländischen Philosophietradition. Vor allem sympathisiert er mit Heideggers spätem Versuch, an den literarischen Diskurs, besonders Hölderlin, anzuknüpfen. Aber auch hier liegen Welten zwischen Rortys eher auf die Literatur des zwanzigsten Jahrhunderts gerichtetem ästhetischen Interesse und Heideggers Hölderlin-Rezeption. Seine ambivalente Haltung zu Heidegger wird in der folgenden Passage sehr gut deutlich:

»Wenn wir Heidegger als einen Philosophieprofessor lesen, der es schaffte, seine eigenen Bedingungen zu transzendieren, indem er die Namen und Worte der großen toten Metaphysiker zu Elementen seiner persönlichen Litanei machte, dann ist er eine höchst sympathische Figur. Aber als Philosoph unseres öffentlichen Lebens, in seinen Kommentaren zu Technik und Politik im zwanzigsten Jahrhundert, ist er ärgerlich, kleinlich, schief, zwanghaft – und gelegentlich, in seiner übelsten Ausprägung (so, als er Hitler rühmte, nachdem die Juden von den Universitäten vertrieben worden waren), grausam.« (KI 199)

Die »Story« der Erkenntnistheorie lässt sich so zusammenfassen: Ursprünglich dominierte wohl die Metapher, »unsere Meinungen würden dadurch bestimmt, daß wir Auge in Auge mit dem Gegenstand dieser Meinungen konfrontiert sind (beispielsweise mit der geometrischen Figur, die das Theorem beweist)«

(SN 182). Dann könnte man unser Verstehen verbessern, indem man unser quasi visuelles Vermögen verbessert, also den vielberufenen Spiegel der Natur poliert. In ihm findet man eine bestimmte privilegierte Klasse von Repräsentationen, deren Genauigkeit sich nicht bezweifeln lässt, die man klar und deutlich sehen kann, wie Descartes es forderte. »Diese privilegierten Fundamente werden die Erkenntnisfundamente sein und die Disziplin, die uns zu ihnen hinführt, die Erkenntnistheorie, das Fundament der Kultur. [...] Als Erkenntnistheorie wird die Philosophie nach den unwandelbaren Strukturen Ausschau halten, innerhalb deren sich Erkenntnis, Leben und Kultur aufzuhalten haben – Gebäude aus den privilegierten Vorstellungen, die sie untersucht.« (SN 182 f.) Der nächste Schritt von Rortys Kritik an der Philosophie wird also die Auseinandersetzung mit den privilegierten Vorstellungen sein.

3.4 Privilegierte Vorstellungen

Am Ende des neunzehnten Jahrhunderts war die Philosophie in einer ganz ähnlichen Situation wie am Ende des zwanzigsten. Sie schien den proklamierten Anspruch endgültig verwirkt zu haben, die Platzanweiserin der Einzelwissenschaften zu sein. So verschiedene Autoren wie William James, Dewey, Nietzsche, Dilthey und Bergson hatten begonnen, die erkenntnistheoretischen Maximen der »Suche nach Gewißheit, Struktur und Strenge« beiseite zu schieben und zu untergraben (SN 186).

Der Geist des Essayistischen oder Spielerischen, der sich da regte, wurde jedoch im Keim erstickt, als so ernsthafte Geister wie Edmund Husserl und Bertrand Russell sich der mathematischen Logik zuwandten und damit eine neue Runde der Suche nach apodiktischen Gewissheiten einleiteten. Die Philosophie hat dabei ihre kulturelle Leitfunktion verloren, sie hat sie abgegeben an die »hard-boiled positive sciences« auf der einen und den »literary criticism« auf der anderen Seite, von dem Harold Bloom in *A Map of Misreading* schreibt:

»Weit mehr als der Unterricht der Geschichte der Philosophie oder der Religion hat der Literaturunterricht heute in Amerika die Gegenwart des Vergangenen zu lehren; Geschichtswissenschaft, Philosophie und Religion haben sich nämlich als Agenten von der Unterrichtsszene zurückgezogen und den verdutzten Literaturlehrer am Altar zurückgelassen, der sich nun erschreckt fragt, ob er Opfer oder Priester sein wird.«[25]

Dahin ist es – nach Rorty – wegen des kantianischen und anti-historischen Tenors der angelsächsischen Philosophie gekommen. Er erzählt zwar nicht die vollständige Geschichte vom Aufstieg und Niedergang der Phänomenologie und der analytischen Philosophie, also der beiden großen Schulen, die aus Husserls und Russells Anfängen entstanden sind, er vermag aber zu zeigen, in welche grundsätzlichen Schwierigkeiten die analytische Bewegung in der letzten Zeit, vor allem durch die Kritiken von Wilfrid Sellars und Willard Van Orman Quine geraten ist.

Beide vertreten einen erkenntnistheoretischen Behaviorismus: Rationalität ist nicht mehr als »gerechtfertigte Behauptbarkeit« (Deweys »warranted assertibility«). Behauptungen sind gerechtfertigt, wenn sie von der dafür in Frage kommenden sozialen Gemeinschaft akzeptiert werden, nicht, weil sie irgendwelche tieferen Fundamente hätten. »Die Wissenschaft ist nicht deshalb rational, weil sie ein Fundament hat, sondern weil sie ein Unternehmen ist, das sich selbst korrigiert, ein Unternehmen, das jede Behauptung in Zweifel zu ziehen vermag, jedoch nicht alle Behauptungen auf einmal.«[26]

Die Wissenschaft ist also eine soziale Praxis. Die Beschreibung dessen, was diese Praxis ausmacht, ist die behavioristische Methode. Sie gibt durch Beobachtung des Verhaltens der Wissenschaftler Aufschluss darüber, was in der Wissenschaft für wahr gehalten wird. Ein stabilerer Wahrheitsboden ist darüber hinausgehend nicht erreichbar. »Wir werden mit Quine sagen wollen, daß die Erkenntnis nicht einer architektonischen Struktur gleicht, sondern einem Kraftfeld, und daß keine einzige Behauptung gegen ihre Revision immun ist.« (SN 202)[27] Der Ansatz ist holistisch in dem Sinne, dass Sätze nicht isoliert zu bestätigen oder zu widerlegen sind, sondern immer nur im Rahmen einer umfassenderen Theorie, eines größeren Sprachspiels. Ganze Theoriekonzepte werden akzeptiert oder nicht – aber es gibt eigentlich keinen »neutralen Boden» zwischen solchen Theoriekonzepten, von dem aus sich feststellen ließe, welches Recht hat.

Durch den vor allem von Quine wieder in die Diskussion gebrachten, von Rorty zustimmend aufgenommenen Begriff des »Holismus» (von griechisch *to holon*, das Ganze) sollte man sich nicht verunsichern lassen; er wird in einer Weise verwendet, die »keinen idealistischen metaphysischen Unterbau erfordert« (SN 195), sondern er meint einfach, dass Wörter nicht aufgrund ihrer Beziehung zu den *Dingen*, sondern »kraft ihrer Beziehung *zu anderen Wörtern* Bedeutung haben, dass bestimmte Vokabulare ihren privilegierten Status folglich den Personen verdanken, die sie verwenden, nicht ihrer Durchlässigkeit gegenüber der Wirklichkeit« (SN 399).

Es geht Rorty (wie Quine) nicht darum, die weit reichende metaphysische Behauptung aufzustellen, alles sei ein Ganzes, sondern lediglich um die Einsicht, dass Rechtfertigung »immer schon behavioristisch und holistisch erfolgt« (SN 202). In dieser unmetaphysischen Bedeutung ist Holismus ein wichtiger Begriff der modernen Wissenschaftslehre geworden und führt letzten Endes zu einem Philosophiebegriff, »der mit der Suche nach Gewißheit nichts mehr zu tun hat« (SN 191). Erkenntnis ist nicht mehr das Bemühen, die Natur abzubilden, sondern sie ist abhängig von der Gesprächspraxis und vom sozialen Umgang. Rorty leitet daraus ab, dass es unter diesen Umständen für die Erkenntnistheorie nichts mehr zu tun gibt (SN 233), weil man keine Metapraxis mehr ins Auge fassen muss, die eine Kritik aller Formen der sozialen Praxis leistet (SN 191).

Darin liegt eine vorschnelle Schlussfolgerung; denn die Peirce-Idee von der unbegrenzten Forschergemeinschaft, vor der sich irgendwann herausstellen wird, welche Hypothesen haltbar sind, fungiert als eine Art Fluchtpunkt. Ebenso die Vorstellung des herrschaftsfreien Diskurses und der Kommunikationsgemeinschaft, wie sie von Karl-Otto Apel und Jürgen Habermas vertreten wird. Von diesem gedachten Punkt aus ist genau das möglich, was Rorty vermeiden möchte: »eine Kritik aller möglichen Formen sozialer Praxis« (SN 191).

Hier liegt eine wirkliche Schwäche in Rortys Ansatz, die damit zu tun hat, dass er Peirce im Vergleich zu Dewey und William James unterschätzt: Bei Peirce findet sich letzten Endes ein pragmatistisches, in die Zukunft projiziertes Wahrheitskriterium, das alle faktisch vorhandenen sozialen Gemeinschaften in Richtung auf eine regulative Idee hin übersteigt.

Rorty glaubt, der Verzicht auf den Begriffsrahmen eines Spiegels der Natur müsse auch zum Verzicht auf den Begriff von Philosophie als einer Disziplin führen, »die über die Ansprüche von Wissenschaft und Religion, Mathematik und Poesie, Vernunft und Gefühl zu Gericht sitzt und jeder ihren angemessenen Platz zuweist« (SN 235). Das soll jedenfalls dann gelten, wenn sich nicht irgendein anderer Begriffsrahmen ausfindig machen lässt. So groß die Sympathien auch sind, die die Philosophie durch erklärte Bescheidenheit gegenüber dem ehemals angemaßten Richteramt erwerben kann: dort, wo sie an Peirce anknüpft, hat sie den Ansatzpunkt für einen neuen Begriffsrahmen, für eine Wahrheit ohne Spiegel. Rorty streift diesen interessanten und, wie ich meine, entscheidenden Punkt leider nur am Rande (SN 323 ff.), um dann gleich auf andere Themen überzugehen. Was Peirce anlangt, ist Rorty in der Tat ein sehr selektiver Umgang mit den Traditionen des amerikanischen Pragmatismus vorzuhalten. Auch wo die Philosophie sich heute im Gefolge Max Webers als Theorie der Rationalität und der Rationalitätstypen begreift, übt sie noch eine Zuweisungsfunktion aus und unterscheidet zwischen wissenschaftlicher, politisch-praktischer und ästhetischer Rationalität, die jede ihr eigenes Feld haben und sich möglichst nicht ins Gehege kommen sollen.

Aus der Denkweise, die Rorty »erkenntnistheoretischen Behaviorismus« nennt, folgt eine eher distanzierte, eher voreingenommene Haltung gegenüber innerpsychischen Prozessen. Es ist eine Art »Angst vor Gespenstern« (Ryle), eine Art Furcht, nicht mehr wirkliche Wissenschaft zu betreiben, wenn man etwas zulässt, von dem man nur durch teilweise nicht nachprüfbare Berichte der Einzelnen über sich selbst etwas wissen kann. Außerdem neigt man traditionell dazu, das, was seit Descartes unter Bewusstsein verstanden wird, mit der »Seele« zu verwechseln, jenem bei Platon so schön beschriebenen Hauch, der beim Tode den Körper verlässt.

Der wissenschaftstheoretische Vorbehalt dagegen, innerpsychische Prozesse als Argument ernst zu nehmen, hat durchaus Gewicht, liegt er doch »einem großen Teil der positivistischen wie auch der wittgensteinianischen Feindseligkeiten gegen das Mentale« (SN 242) zugrunde. Rortys Gegenargumentation stützt sich auf Sellars' Kritik am »Mythos des Gegebenen«: Die Introspektion ist eine erlernte Fähigkeit, und die Unkorrigierbarkeit von Berichten in der ersten Person (»ich habe Schmerzen im linken Unterarm«) ist eine soziale, keine metaphysische Angelegenheit. Damit macht es keinen Sinn mehr, dem, was innerhalb unserer Psyche vor sich geht, eine andere Art des Seins zuzusprechen als dem, was »da draußen« ist. Wenn man das zugibt, verliert die Introspektion allerdings auch ihren methodischen Sonderstatus, den sie seit Descartes als elementarste Gewissheit hatte. Selbstbeobachtung wird erlernt und ist trainierbar. Sie kann subjektiv unzulänglich sein und dementsprechend auch unwissenschaftlich – philosophisch gesehen hat das aber keine größere Bedeutung als ein Fehler in einem Instrument der Außenbeobachtung, z.B. im Spektroskop oder im Blutdruckmessgerät (SN 243). Mit dieser Argumentation dürfte »die unglückliche Allianz zwischen der introspektiven Psychologie, dem Appell an klare und deutliche Ideen und dem Appell an den Protestantismus des individuellen Gewissens vom Tisch sein« (SN 243).

Diese Stelle gibt einen deutlichen Hinweis darauf, was Rorty erreichen will: Er will »die Heilung der Philosophie von der Wahnvorstellung, daß es erkenntnistheoretische Probleme gibt« (SN 254). Philosophie ist damit nicht mehr etwas Besonderes, sondern so etwas wie Common Sense, um Gedanken und Informationen, um »Erinnerungen zu einem bestimmten Zweck« zusammenzufügen.[28] Die großen ontologischen Unterscheidungen von Leib und Seele sollen wegtherapiert werden. – Vielleicht gelingt das bereits durch eine einfache Computeranalogie: Wäre unsere Hardware leichter verständlich gewesen, hätte man keinen besonderen Stoff namens Geist annehmen müssen (SN 268). Solche Thesen muss man sehr genau lesen und erwägen: Es ist nämlich keineswegs so, dass Rorty die Geist-Körper-Unterscheidung für nichtig erklärt; er hält sie als pragmatische Unterscheidung für durchaus sinnvoll, nicht aber als ontologische oder metaphysische. Dann aber ist sie, wie Hilary Putnam gesagt hat, philosophisch nicht interessanter als die Unterscheidung zwischen der »Beschreibung der Hardware« und der »Beschreibung des Programms«[29]. Ganz folgenlos ist eine solche pragmatische Differenz nicht – auch hier muss man die zugespitzten Formulierungen mit ein wenig Zurückhaltung lesen, denn ein Unterschied bleibt auf jeden Fall bestehen: der zwischen dem Reich des Seins und dem Reich des Sollens, zwischen dem Menschen als Gegenstand der wissenschaftlichen Erklärung und dem Menschen als Agent von Handlungen, die moralisch gerechtfertigt werden. Deshalb ist es für Rorty eine irrige Vorstellung, wir könnten »in Erfahrung bringen, ob wir Robotern bürgerliche Rechte gewähren sollen, indem wir ihre Funktionsweise besser erforschen« (SN 281). Zwar ist diese Unterscheidung nicht identisch mit der von Hardware und Software, es ist aber offenkundig, daß das »Reich des Sollens« nur irgendwo in der Software angesiedelt sein kann.

Rorty will keineswegs eine eigene Lösung des Leib-Seele-Problems vorschlagen. Er diskutiert es nur, »um zu verdeutlichen, warum es meiner Meinung nach hier ein Problem gar nicht gibt« (SN 17). Die therapeutische Grundhaltung eines wichtigen Teils der Sprachphilosophie nach Wittgenstein behält er bei, auch wenn er, was die mögliche eigene systematische Leistung der Sprachphilosophie angeht, ziemlich sicher ist, dass sie uns hier nichts Neues beschert hat (SN 340). Was Rorty anstrebt, sind also nicht neue Lösungen alter Probleme, sondern ein ganz anderes Konzept philosophischen Denkens.

3.5 Das Gegenkonzept: Hermeneutik als Philosophie ohne Spiegel

Die Hermeneutik soll nicht als Nachfolgedisziplin der gestürzten Erkenntnistheorie verstanden werden,

»nicht als ein Unternehmen, das die kulturelle Lücke ausfüllt, die vormals die erkenntnistheoretisch orientierte Philosophie eingenommen hatte. Bei mir steht ›Hermeneutik‹ weder für eine Disziplin noch für eine Methode, mittels derer man Resultate erzielen könnte, die sich der Erkenntnistheorie entzogen haben, noch für ein Forschungsprogramm. Im Gegenteil, Hermeneutik ist Ausdruck der Hoffnung, die kulturelle Leerstelle werde nach dem Abgang der Erkenntnistheorie gerade *nicht* neubesetzt – unsere Kultur werde zu einer Kultur, in der das Bedürfnis nach Einschränkung und Konfrontation nicht mehr verspürt wird.« (SN 343)

Was meint Rorty in diesem Zusammenhang mit den Begriffen »Einschränkung» und »Konfrontation«? Das Bedürfnis nach Einschränkung ist das Bedürfnis, nicht Beliebiges behaupten zu können, sondern einen festen Rahmen, feste Fundamente vorgegeben zu bekommen. Mit »Konfrontation» ist gemeint, Fakten an der Wirklichkeit zu überprüfen – analog etwa zur polizeilichen Konfrontation eines Beschuldigten mit einem Beweisstück (engl. *evidence*).

Die hermeneutische Philosophie kann »die Rolle des informierten Dilettanten übernehmen, des Polypragmatikers, des sokratischen Vermittlers unterschiedlicher Diskurse« (SN 345). Das Gespräch in einer Art von Salon ist ein vorstellbares Modell dafür. Wissenschaft ist aus hermeneutischer Sicht nichts anderes als »routinemäßiges Gespräch« (SN 346). Philosophie steht dann nicht mehr vor angeblich ewigen Fragen (die sie durch ungeeignete Werkzeuge noch unlösbarer macht), sondern sie wird ein kulturelles Genre, eine »Stimme im Gespräch der Menschheit«, wie Michael Oakeshott das für die Literatur postuliert hat.[30]

Hermeneutik und die von Rorty vertretene ganzheitliche, holistische Herangehensweise (vgl. Kap. 3.4) hängen eng miteinander zusammen. Wir können einzelne Teile einer fremden Kultur, Praxis, Theorie, Sprache etc. nicht recht verstehen, ohne schon zumindest versuchsweise Vorgriffe auf ein Verständnis des Ganzen zu machen, ohne uns im so genannten hermeneutischen Zirkel zu bewegen: Man muss immer schon ein Vorverständnis des Ganzen entwickeln, das dann überprüft wird. Verstehen gleicht nach diesem Modell dem »Kennenlernen einer Person«, nicht dem »Durchlaufen eines Beweisganges« (SN 347). Wir bewegen uns so lange zwischen verschiedenen Vermutungen vor und zurück, bis wir uns vertraut zu fühlen beginnen.

Der Erkenntnistheorie schreibt man üblicherweise die erklärenden, strengen, rationalen, wissenschaftlichen Bereiche unserer Kultur zu, der Hermeneutik den Rest, wo es eher auf das Verstehen ankommt. Beide Seiten haben Universalitätsansprüche formuliert: Die Wissenschaftstheorie des logischen Positivismus wollte auch die »weicheren« Bereiche der Geisteswissenschaften nach ihrem Modell in Planquadrate aufteilen und mit präzisen Fragen, auf die man mit ja oder nein zu antworten hatte, ins Verhör nehmen. Auf der anderen Seite hat Jürgen Habermas einen flamboyanten Aufsatz gegen den *Universalitätsanspruch der Hermeneutik* geschrieben, die alles nur interpretieren und verstehen will und damit, weil sie nichts verwirft, traditionalistischen und konservativen Interessen diene.[31]

Nun könnte es scheinen, dass Rorty die Erkenntnistheorie durch Hermeneutik ablösen will, dass er also eben diesen Universalitätsanspruch vertritt. Er möchte jedoch einen anderen Weg gehen. Er schlägt vor, mit der Unterscheidung zu arbeiten, die Thomas S. Kuhn zwischen »normaler« und »revolutionärer«

Wissenschaft entwickelt hat, und diese Unterscheidung auf den Prozess der Konsensbildung hin zu verallgemeinern.

»›Normale‹ Wissenschaft ist die Praktik, Probleme auf dem Hintergrund eines Konsenses darüber zu lösen, was als gute Erklärung des Phänomens gelten würde und was zur Lösung eines Problems zu unternehmen sei. ›Revolutionäre‹ Wissenschaft besteht darin, ein neues Erklärungs*paradigma* und damit einen neuen Problemkomplex einzuführen.« (SN 348)

Normale Wissenschaft dürfte dem Rationalitätsbegriff der Erkenntnistheorie weitgehend entsprechen, weil alle von ziemlich gleichartigen Voraussetzungen ausgehen. Auch hier zeigt sich wieder: Bei aller grundsätzlichen Kritik an der Erkenntnistheorie verwirft Rorty nur ihren philosophischen Fundamentalanspruch, nicht aber ihre nützliche Alltagsarbeit. Der Vorwurf lautet ja, dass sie Geltung beansprucht gerade auch für »nicht-normale« Situationen, wenn die geltenden Konventionen in Frage gestellt werden. »Alles und jedes, vom Unsinn bis zur intellektuellen Revolution, kann dagegen Produkt des nicht-normalen Diskurses sein.« (SN 349)

Die Aufgabe der Hermeneutik wäre das Studium des nicht-normalen Diskurses. Die Grenze zwischen Erkenntnistheorie und Hermeneutik wäre dann nicht von irgendeinem Gegensatz zwischen Natur- und Humanwissenschaften bestimmt, sondern der Unterschied zwischen einer einigermaßen vertrauten Praxis und dem Einbruch des Neuen. »Hermeneutisch muß man sich verhalten, wo man nicht versteht, was vorgeht, und ehrlich genug ist, dies zuzugeben.« (SN 349) Überall dort, wo Inkommensurabilitäten im Diskurs auftreten, ist hermeneutisches Vorgehen gefordert. In der Philosophie also immer. In diesem Punkt besteht eine enge Verwandtschaft Rortys mit Jean-

François Lyotards *Widerstreit*. Lyotard hatte die Philosophie als die Diskursart bestimmt, die jederzeit ihre eigenen Regeln in Frage stellt und diskutiert.[32] Nicht Theorie, *Reflexion* ist für Lyotard die eigentlich philosophische Denkweise; nicht die Herstellung von Kommensurabilität, sondern die Feststellung von Inkommensurabilitäten ist Aufgabe der Philosophie, sagen Rorty und Lyotard. Was Rorty über Lyotard hinausgehend vorschlägt, ist der politisch-pragmatische Umgang mit den Inkommensurabilitäten (vgl. Kap. 5). Rorty verwendet den Begriff Hermeneutik in einer engeren oder, wie er selbst sagt, einer gegenüber dem herkömmlichen Wortgebrauch »gereinigten« (SN 373) Bedeutung. Es lässt sich nämlich nicht leugnen, dass in der Philosophiegeschichte wie in der neueren Wissenschaftstheorie eine gewisse Verwandtschaft von Hermeneutik und Idealismus festzustellen ist. Thomas S. Kuhn hatte bei seiner Beschreibung der wissenschaftlichen Revolutionen unglückliche Formulierungen verwendet, die darauf hinausliefen, ein neues wissenschaftliches Paradigma bedeute, dass wir mit einer neuen Welt konfrontiert seien. Das erweckte den Anschein, als würden die Wissenschaften die Welt aus sich hervorbringen, statt einfach neue Beschreibungen anzubieten (SN 374, 352). Kuhn konstatierte zu Recht, dass das philosophische Paradigma, das Descartes ins Leben gerufen hatte, nunmehr umgestoßen sei. Sein Begriff eines »philosophischen Paradigmas« war aber von dem Gedanken bestimmt: falls man nicht die Widerspiegelung der Wirklichkeit durch die Theorie annehmen wolle, müsse man den anderen Weg gehen, nämlich den idealistischen der Formung der Erscheinungswelt durch uns. Rorty hält dagegen, dass überhaupt kein erkenntnistheoretisches Gegenparadigma nötig sei, sondern schlicht der Verzicht auf Erkenntnistheorie.

Die Verwendung des Begriffs »Hermeneutik« verdankt Rorty weitgehend einem einzigen Buch: Hans-Georg Gadamers *Wahr-*

heit und Methode (1960). »Die Hermeneutik, die hier entwickelt wird«, charakterisierte Gadamer seine Absicht, »ist daher nicht etwa eine Methodenlehre der Geisteswissenschaften, sondern der Versuch einer Verständigung über das, was die Geisteswissenschaften über ihr methodisches Selbstbewußtsein hinaus in Wahrheit sind und was sie mit dem Ganzen unserer Welterfahrung verbindet«[33].

Auffällig sind für Rorty die Parallelen, die dieses Hauptwerk der deutschen Philosophie der sechziger Jahre mit Paul Feyerabends *Wider den Methodenzwang. Skizze einer anarchistischen Erkenntnistheorie*[34] aus dem Jahre 1975 aufweist. Feyerabend ist allerdings insofern revolutionär, als er eine hermeneutische Neudeutung der naturwissenschaftlichen Methodendiskussion vorlegt, während Gadamer die Welt der Geisteswissenschaften als eigentliches Terrain der Hermeneutik betrachtet.

Rorty versteht Gadamers Buch als »Traktat gegen den Methodengedanken, falls damit das Unternehmen der Kommensurabilität gemeint ist« (SN 388). Entscheidend ist seine Ersetzung des Erkenntnisbegriffs durch den Begriff der *Bildung* (den Rorty mit »edification« übersetzt; »education« schien ihm zu flach und eine direkte Übernahme des deutschen Wortes denn doch etwas zu bemüht). Der Bildungsdiskurs kann in der Tätigkeit bestehen, zwischen unserer und irgendeiner fremden Kultur oder Geschichtsepoche Verbindungen herzustellen, oder in der »poetischen« Tätigkeit, »sich solche neuen Ziele, eine neue Terminologie oder neue Disziplinen auszudenken, an die sich dann sozusagen das Gegenteil von Hermeneutik anschließt: die Reinterpretation unserer vertrauten Umwelt in der noch unvertrauten Begrifflichkeit unserer Innovationen« (SN 390). Mit solchen Formulierungen dürften die aufregenden Dinge, die Autoren wie Foucault, Derrida und Lyotard vorgebracht haben, recht genau charakterisiert sein. Ihnen war bewusst, dass »die Suche nach objektiver Erkenntnis bloß *ein* unendliches Projekt (anfänglich von den Griechen dem Modell der Mathematik nachgebildet) unter anderen ist« (SN 391).

All diese Denkansätze haben als gemeinsamen Bezugspunkt den § 32 von Heideggers *Sein und Zeit* über Verstehen und Auslegung. Gadamers großes Kapitel »Überwindung der erkenntnistheoretischen Fragestellung durch die phänomenologische Forschung« lässt sich genauso als Auslegung dieser Passage lesen wie übrigens auch Sartres These aus *Das Sein und das Nichts*, »das Bemühen um die Aneignung des objektiven Wissens über die Welt« sei ein Versuch, »sich der Verantwortung für die Wahl seines eigenen Projekts zu entziehen«[35].

Allerdings ist auch dies nicht als Totalablehnung objektiven Wissens zu lesen: »Für Heidegger, Sartre und Gadamer ist objektive Wissenschaft sehr wohl möglich und häufig verwirklicht – es gilt nur, gegen sie geltend zu machen, daß sie uns nicht mehr gibt als einige unter vielen Beschreibungsmöglichkeiten unserer selbst und daß einige davon den Bildungsprozeß hindern können.« (SN 391)

Angesichts seiner Polemik gegen die Metaphorik des Sehens mag es zunächst überraschen, dass Rorty an den klassischen Bildungsbegriff anknüpft. In »Bildung« steckt natürlich Bild, wobei auf geheimnisvolle Weise unklar bleibt, ob es sich dabei um ein Nachbild oder Vorbild handelt. Darauf hat Gadamer ausdrücklich aufmerksam gemacht.[36] Der Begriff enthält aber auch die Vorstellung von bewusstem Modellieren, Formen, die Rorty mit seiner Übersetzung als »Edification«, die ja auf »Bauen« anspielt, betont.

Hermeneutik ist also eine »bildende Philosophie«. Wie verhält diese sich zum normalen Diskurs der systematischen Philosophie? Rorty wird an diesem Punkt für seine Verhältnisse ungewöhnlich vorsichtig:

»Einen nicht-normalen Diskurs *de novo* zu beginnen, ohne in der Lage zu sein, seine eigene Abnormität zu erkennen, ist Verrücktheit im wörtlichsten und schrecklichsten Sinne. Sich auch dort auf einen hermeneutischen Standpunkt zu stellen, wo Erkenntnistheorie ausreichend wäre [...] ist zwar nicht Verrücktheit, zeigt jedoch einen Mangel an Bildung.« (SN 396f.)

Mangel an Bildung, Mangel an Takt, schlechter Geschmack (vgl. SN 403), all jene Begriffskeulen, mit denen man unerwünschte Eindringlinge aus dem feinen Gewebe der Zugehörigkeit zur Hochkultur wieder hinaustreiben kann, kommen hier zum Einsatz. Rorty ist an diesem Punkt ganz Traditionalist: Selbst der Diskursrevolutionär muss zunächst den »normalen« Bildungsprozess durchlaufen, sich in der Suche nach Objektivität versucht haben, weil die nicht-normalen Diskurse »immer parasitär gegenüber normalen Diskursen sind, immer auf sie aufbauen, sich also die Möglichkeit einer Hermeneutik immer auf die Möglichkeit einer Erkenntnistheorie (und vielleicht auf ihre Wirklichkeit) gründet, und der Bildungsprozeß jederzeit vom Material der jeweiligen Gegenwartskultur Gebrauch macht« (SN 398).

Die Hauptströmung der westlichen philosophischen Tradition besteht aus systematischer Philosophie, für die Wissen das Paradigma ist. Auch in dieser Hauptströmung gab es philosophische Revolutionen, nämlich immer dann, wenn Philosophen neue Entwicklungen im Bereich des Wissens nachvollzogen. Die Wiederentdeckung der Schriften des Aristoteles war die Grundlage dafür, dass Thomas von Aquin die philosophisch-theologische Orthodoxie auf eine völlig neue Basis stellte; die Physik Galileis führte zu Descartes' und Hobbes' Kritik an der Scholastik; Herbert Spencer entwickelte aus Darwins Biologie eine Philosophie der Evolution; und Carnap machte aus Freges logischen Entdeckungen einen systematischen logischen Positivismus.

An der Peripherie dagegen stehen die »bildenden« Philosophen: »Goethe, Kierkegaard, George Santayana, William James, John Dewey, der spätere Wittgenstein und der späte Heidegger gehören hierzu.« (SN 398) Sie verhalten sich skeptisch zu systematischer Philosophie, glauben nicht an die universale Konversation aller Vokabulare. »Große systematische Philosophen sind konstruktiv und liefern Argumente. Große bildende Philosophen reagieren und schreiben Satiren, Parodien und Aphorismen.« (SN 400)

Diese Unterscheidung fällt nicht mit der zwischen normalen und revolutionären Diskursen zusammen – ein systematischer Revolutionär, der alte Vokabulare zerstört und eine neue Schule gründet, ist in der Philosophiegeschichte eine häufig anzutreffende Figur – man denke an Descartes, Kant, Husserl und Bertrand Russell, die alle letzten Endes die Philosophie wieder auf den »sicheren Pfad der Wissenschaft« führen wollten, wie Rorty das in Anspielung auf eine berühmte Formulierung Kants nennt.

Eine Philosophie, die sich auf diesem sicheren Pfad befindet, ist das eigentliche Gegenbild dessen, was Rorty sich vorstellt. Platon fasziniert ihn, weil man bis heute nicht sagen kann, ob er zu den bildenden oder den systematischen Philosophen gehört, weil man auch nach Tausenden von Interpretationsversuchen immer noch nicht weiß, welche Textstellen in den Dialogen bloß scherzhaft gemeint waren. (SN 400)

Allerdings hatte Platon den Philosophen gerade durch die kritische Distanzierung zu den bloßen Erfindungen der Dichter definiert. Ähnlich pflegen sich auch heute argumentierende und systematische Philosophen über Nietzsche oder Heidegger zu äußern: Eigentlich gehörten sie nicht zur Zunft (SN 401). Rorty hält diesen Vorwurf keineswegs für abwegig, weil der bildende

Philosoph nicht einfach nur gegen die konventionellen Regeln des normalen Diskurses verstößt, sondern darüber hinaus auch gegen eine Regel zweiter Stufe: »die Regel, nach der man Regeln nur verändern darf, wenn man erkannt hat, daß sie dem Gegenstand nicht gerecht werden, der Wirklichkeit nicht angemessen sind« (SN 401). Ihre Kritiken sind deshalb oftmals inkommensurabel, was Rorty aber für unvermeidlich hält. Ihnen bleibt dann nichts anderes übrig, als »die Idee, eine Theorie zu haben, auf eine Weise herabzusetzen, die sie nicht darauf festlegt, eine Theorie über das Haben von Theorien zu haben. So etwas ist mißlich, aber nicht unmöglich. Wittgenstein und Heidegger schaffen es gar nicht schlecht.« (SN 402) Ein solches Vorgehen kann man als »paradoxe Intervention« bezeichnen – in der Pädagogik wie in der Therapeutik ist es nicht ganz unüblich. »Unter Umständen sagt man einfach etwas – man leistet keinen Forschungsbeitrag, sondern man partizipiert an einem Gespräch.« (SN 402)

Das ist die extremste Formulierung zur Rolle des bildenden Philosophen, die sich in Rortys Büchern findet. Sie ergibt sich aus der sozialen Funktion, die er ihm vorschlägt, nämlich »die Gefahr abzuwenden, daß irgendein Vokabular, irgendeine künftige Beschreibungsmöglichkeit ihrer selbst, die Menschen zu der Täuschung veranlassen könnte, von nun an sollten und könnten alle Diskurse normale Diskurse sein« (SN 408 f.). Dadurch würde die Kultur eingefroren, die Menschen würden entmenschlicht. In dieser Befürchtung trifft er sich wieder mit Lyotards Sorge am Schluss des *Widerstreits*, der ökonomische Diskurs könnte die Dominanz über alle anderen Diskurse erlangen. Bildende Philosophie hat gegenüber einer solchen Dominanz die Aufgabe, das Gespräch und damit die Produktion neuartiger Verknüpfungen in Gang zu halten. »Der bildende Philosoph zieht demnach mit Lessing das unendliche *Streben nach Wahrheit* ›der ganzen Wahrheit‹ vor.« (SN 409) Die traditionelle, von Kierkegaard in der *Abschließenden unwissenschaftlichen Nachschrift zu den Philosophischen Brocken* wieder aufgenommene Formel vom unendlichen Streben nach Wahrheit ist ein wenig zu pathetisch, um das von Rorty wirklich Gemeinte ganz zu treffen. Kierkegaards Satz, die Subjektivität sei die Wahrheit, deutet aber darauf hin, dass hier eine subjektive Sicherheit der Entscheidung gemeint ist, der man nicht ausweichen kann und die in diesem Sinne nicht-relativistisch ist. Diese vom individuellen Gewissen her gedachte Überlegung Kierkegaards weitet Rorty auf den Kontext des gesamten Denkens (und der Gesellschaft, wie wir in seinen politischen Schriften noch sehen werden) aus.

Rorty ist ein entschiedener Gegner des *Relativismus*.[37] Hermeneutische Philosophie, die in verschiedene Kulturen und Überlieferungszusammenhänge einrückt, ist aber notwendig relativistisch, wenn sie keinen Vorrang einer bestimmten Kultur, einer bestimmten Überlieferung annehmen will. Gadamers Hermeneutik ist in einem grundsätzlichen Sinne relativistisch, auch wenn für ihren Autor der Vorrang der antiken Bildungsgehalte selbstverständlich war. Rorty geht hier einen Schritt weiter. Jeder bildende Philosoph, jeder »Existentialist« kann nur reaktiv sein (SN 410) – reaktiv auf den Überlieferungszusammenhang der bei uns vorhandenen philosophischen und Wissenschaftskultur. Bei aller Kritik müssen wir diese nicht nur voraussetzen, sondern in einem pragmatischen Sinne auch anerkennen. Um den Relativismusvorwurf abwehren zu können, braucht Rorty die breiten Schultern der »normalen Wissenschaft«, auf denen mit Umwälzungsansätzen experimentiert werden kann.

Diese anti-relativistische Position ist einigermaßen prekär, weil sie eine sehr massive, grundsätzliche Kritik an der Idee einer Erkenntnistheorie vorträgt und doch in einer gewissen Weise an ihr festhalten muss. Die Radikalität solcher Kritik gerät dadurch in Gefahr, rhetorisch zu bleiben, Aufmerksamkeit zu wecken, ohne Konsequenzen zu haben. Rorty sieht den Relativismus als eine auf jeden Fall zu vermeidende Gefährdung seiner eigenen Position an und versucht, ihm durch das hermeneutische Voraussetzen des Überlieferungszusammenhangs zu entgehen. Diese Voraussetzung allerdings ist schwankend, weil er sie einer Totalkritik unterzieht. Er lehnt es bewusst ab, zu einer Nachfolgedisziplin der Erkenntnistheorie zu gelangen, und vertritt damit im Grunde ein Paradox, das ich, vielleicht ein wenig polemisch, im Stil heutiger Zen-Meister so formulieren möchte: *Mach dich frei von der Erkenntnistheorie, ersetze sie durch nichts und glaube fest daran, dass an die Stelle dieses Nichts Nichts gehört.*

Die soziale Funktion solchen Denkens – übrigens auch der Zen-Paradoxien – ist das, was Dewey das »Sprengen der Kruste von Konventionen« (SN 410) genannt hat. Letzten Endes geht es Rorty vor allem darum. Er folgert, dass der Ansatz von Karl-Otto Apel und Jürgen Habermas, eine neue Transzendental- bzw. Universalpragmatik zu entwickeln, auch wieder nur ein Versuch ist, Freiheit als Natur zu betrachten, d.h. das, wofür wir uns nur entscheiden können, in irgendeinem Sinne als »notwendig« hinzustellen. Er hält es für eine ganz besonders dubiose Arglist von Philosophen, an die Stelle moralischer Entscheidungen Pseudoerkenntnisse zu setzen (SN 414) – im Übrigen sei das ein Rückfall hinter Kant, der wissenschaftliche Wahrheit als etwas erkannt hatte, das prinzipiell keine Antwort auf die Frage enthalten kann, was wir tun sollen. So jedenfalls interpretiert er Kants berühmte Formel von der Aufhebung des Wissens, um zum Glauben Platz zu bekommen,[38] wobei mit »Glauben« hier nicht unbedingt der religiöse Glaube gemeint ist, sondern eben die Entscheidung z.B. für Rationalität oder Moralität, die ja ebenfalls als »act of faith«, als Glaubensakt aufgefasst werden kann.

Die »existentialistische« Dimension freier Entscheidung ist für Rorty der wohl wichtigste Grund für seine Ablehnung einer Philosophie, die auf dem sicheren Pfad einer Wissenschaft wandeln möchte und damit nur noch irgendeine akademische Spezialität wäre. Der eigentliche Reiz der systematischen Philosophie wäre vergangen, denn diese

> »kann nur existieren, indem sie fortwährend auf zwei Pferden zugleich sitzt: dem Beschreiben und dem Rechtfertigen, dem Erkennen und dem Wählen, dem Treffen der Tatsachen und dem Empfehlen, wie man zu leben hat. Sieht man dies, so sieht man auch klarer, warum die Erkenntnistheorie zur Essenz der systematischen Philosophie wurde. Denn die Erkenntnistheorie ist der Versuch, aus den Rechtfertigungsstrukturen der normalen Wissenschaft *mehr* zu machen als bloß solche Rechtfertigungsstrukturen, der Versuch, sie in Etwas verankert zu sehen, das uns moralisch bindet – *die* Wirklichkeit, Wahrheit, Objektivität, Vernunft.« (SN 416)

Rorty schlägt vor, den wissenschaftlichen Diskurs stattdessen gleichsam durch eine Zweistärkenbrille zu betrachten: als etwas, das derzeit aus geschichtlichen Gründen in Geltung ist, und als »Errungenschaft objektiver Wahrheit, wobei ›objektive Wahrheit‹ nicht mehr und nicht weniger bedeutet als ›die beste Idee, die wir gegenwärtig zur Erklärung dessen haben, was um uns herum vorgeht‹« (SN 417).

Er kann dadurch einerseits an der Idee der objektiven Wahrheit festhalten und sie andererseits ein Stück weit historisch situieren und reaktivieren. Das freie und müßige Gespräch wird, wie schon die deutschen Romantiker wussten, mit Sicherheit den nicht-normalen Diskurs hervorbringen. Die anti-szientistische Wissenschaftsfurcht ist die Furcht davor, »durch zu viel Erkenntnis von einer Person zu einem Ding zu werden, ist die Furcht davor, daß alle Diskurse zu normalen Diskursen werden« (SN 420). Die Furcht vor solcher Vereinnahmung kann man bei Franz von Baader (1765-1841) wie in den Schriften von Horkheimer und Adorno dokumentiert finden.

Rorty glaubt allerdings, dass nicht die Naturwissenschaften und deren philosophischer Überbau die wirkliche Gefahr für das Gespräch darstellen, sondern der Hunger und die Geheimpolizei. »Gibt man uns Freizeit und Bücher« (SN 422), wird das freie Gespräch von selbst fließen.

Das Gespräch ist »der unhintergehbare Kontext, in dem die Erkenntnis verstanden werden muß« (SN 422). Diese Formulierung erinnert an die These der Diskursethik von der Unhintergehbarkeit der Argumentationssituation, aus der die »Letztbegründung« Karl-Otto Apels und dessen Ethik der Demokratie folgt. Im Unterschied zum frei fließenden Gespräch ist die Argumentation aber ein enger gefasstes Sprachspiel mit strengeren Regeln. Für Rorty ist das nichts weiter als eine erneute Suche nach einer Ursprungsphilosophie.

Wenn Philosophie aber nur eine Stimme im Gespräch der Menschheit sein soll, was ist dann mit ihrer Rolle als Forschungsgebiet und als universitäres Fach? Als Fach wird sie weiter existieren, weil es weiterhin das Bedürfnis nach Lehrern gibt, »die die großen toten Philosophen gelesen haben« (SN 425), und das wird ausreichen, die Existenz der philosophischen Seminare an den Universitäten zu sichern. Sie wird allerdings nicht mehr beanspruchen können, dass sie »etwas über das Erkennen erkennen kann, was kein anderer ebenso gut zu erkennen vermag« (SN 424 f.). Sie kann also nicht verlangen, als erste oder letzte Stimme gehört zu werden, die Fundierung der Wissenschaften oder die Lösung moralischer Probleme zu liefern. »Die Philosophen haben *tatsächlich* häufig zu solchen Fragen interessante Ansichten, und ihre professionelle Ausbildung als Philosophen ist oft eine notwendige Bedingung dafür, daß sie zu diesen Ansichten gekommen sind.« (SN 425)

Es war der wohl schlechteste Teil des Erbes der Theologie, das die Philosophie angetreten hat, in Grundsatzfragen eine besondere Autorität zu beanspruchen. Rorty reduziert diese Autorität auf das haltbare Minimum: Die Kenntnis bestimmter Debatten, die Vertrautheit mit Argumentationsverläufen ermöglicht es Philosophen oftmals, schnell und relativ kompetent bei einigen Fragen »das Pro und Contra auswendig« herzusagen (SN 425) oder zu erkennen, dass viele gängige Vormeinungen im öffentlichen Diskurs oft nur billige, abgesunkene philosophische Klischees sind, denen gegenüber es die meist komplexeren und reichhaltigeren Argumentationsformen der Tradition zu reaktivieren gilt.

Die Philosophie soll nach der von Rorty proklamierten Überwindung der Spiegelmetaphorik und der Erkenntnistheorie gewiss ihr Gesicht verändern, aber »an ihr Ende kommen« soll sie nicht – genauso wenig, wie die Religion nach der Aufklärung oder die Malerei nach der Erfindung der Fotografie zu Ende gingen: »Vielleicht wird die Philosophie zu einem reinen Bildungsprojekt, so daß jemandes Selbstverständnis als Philosoph gänzlich davon abhängig sein wird, welche Bücher er liest und diskutiert, statt welche Probleme er zu lösen wünscht.« (SN 426)

Rorty lässt diese Fragen offen. Es kommt alles darauf an, Raum für die Fortsetzung des abendländischen Gesprächs zu lassen. Daraus wird sich alles weitere ergeben. Es wäre ein Missverständnis, Rortys *Spiegel der Natur* vor allem als Abrechnung mit der sprachanalytischen Philosophie zu lesen, auch wenn ein Teil seines Erfolges damit zu erklären ist. Vor allem die Studenten waren der doktrinären Exerzitien vom Typ »x ist ein Pferd« oder »Hans versprach zu kommen« überdrüssig. Sie waren froh, wieder ein Buch lesen zu können, in dem ihnen nicht nur der volle Reichtum der Geistesgeschichte und des Bildungswissens aufgeblättert wurde, sondern in dem damit auch etwas, wenn nicht bewiesen, so doch gezeigt wurde: ein grandioser, aus der Spiegelmetaphorik resultierender Fehler namens Erkenntnistheorie.

Es ist jedoch auffällig genug, dass Rorty sich in der Grundhaltung, »Scheinprobleme der Philosophie« aufzudecken und durch ein therapeutisches Programm beiseite zu schieben, gar nicht so weit von Rudolf Carnap und Ludwig Wittgenstein entfernt hat. Dort, wo er argumentiert, übernimmt er zudem viele Überlegungen von Quine, Sellars und Donald Davidson, so dass hier eine unmittelbare Anknüpfung an selbstkritische Momente der analytischen Schule vorliegt.

Rorty selbst hat den *Spiegel der Natur* als ein Werk des Übergangs verstanden: von seinem Verständnis der Philosophie als schulmäßiger Disziplin zu einer weiter gefassten und zwangloseren Aktivität (larger and looser activity).[39] In diesem Sinne ist das Buch zu lesen als Abrechnung mit seinem eigenen Ausbildungsgang in Amerika, die viele deutsche Studenten an ähnliche Erfahrungen erinnern dürfte und sie ähnlich wie Rorty dazu gebracht hat, lieber zu den elektrisierenden Texten der französischen Philosophen und dekonstruktivistischen Literaturkritiker der Universität Yale zu greifen. Der Übergang, den Rorty zwischen Philosophie und Literaturkritik zu vollziehen sucht, wird am deutlichsten in seiner immer wieder neu ansetzenden Auseinandersetzung mit Jacques Derrida.

4. Philosophie als Schreibweise: Jacques Derrida

»Der Diskurs der Hochkultur ist besonders während der letzten beiden Jahrhunderte weit flüssiger, viel mehr im Plauderton und spielerischer geführt worden, als man aufgrund der Lektüre von Heidegger und Derrida annehmen würde.«[40]

Jacques Derrida zu lesen ist für einen amerikanischen Philosophen nicht gerade selbstverständlich, mit einer Lebensgeschichte und sozialen Herkunft wie Richard Rorty aber überhaupt nicht verwunderlich. Rorty verbrachte seine Kindheit und Jugend im New York der dreißiger und frühen vierziger Jahre. Seine Eltern schrieben als freie Journalisten beide für linke Blätter wie *The Nation.* Sein Vater James Rorty hatte zwei Jahre nach Richards Geburt zusammen mit Sidney Hook öffentlich mit den Kommunisten gebrochen und engagierte sich auf der Seite der anti-stalinistischen, trotzkistisch angehauchten Linken.[41]

Irving Howe, eines der großen Vorbilder Rortys, hat in seiner intellektuellen Autobiographie *A Margin of Hope* dieses Leben zwischen Engagement und Enttäuschung äußerst dicht beschrieben und von jener trotzkistisch-eliotistischen Elite New Yorks gesprochen, die sich, ständig die Wohnung wechselnd, in meist deprimierender äußerer Armut eine anspruchsvolle intellektuelle und musische Kultur schuf.[42] In diesem linksradikalen Ambiente der nächtelangen erhitzten Diskussionen (die Kinder wurden in diesen Kreisen nicht ins Bett geschickt), in der Rorty als bücherverschlingender Junge mit dicken Brillengläsern und fast ohne so genannte Freunde aufwuchs, war die ästhetische Hochschätzung eines so konservativen, ja reaktionären Schriftstellers wie T.S. Eliot kein Widerspruch, sondern entsprach der Lebensform.

Rückblickend sagt Rorty gewiss zu Recht, dass man all diese anti-stalinistischen Linken als »Liberale« bezeichnen kann. Eines seiner Bücher hat er deshalb dem Andenken an sechs Liberale gewidmet, nämlich an seine Eltern und Großeltern (KI 8). Die Verbindung von Avantgarderadikalismus und ästhetischem Elitarismus wird von Jacques Derrida geradezu exemplifiziert. Derrida und Rorty sind die beiden prominentesten Vertreter der *literarischen Wende in der Gegenwartsphilosophie.* Nach der Vorherrschaft der doktrinären analytischen Bewegung war das der aus der Philosophiegeschichte bekannte und zu erwartende Gegenzug: Giambattista Vico hat ihn vorgetragen, ebenso Johann Georg Hamann in seiner Kant-Kritik, der *Metakritik über den Purism der Vernunft.*[43] Herder, Wilhelm von Humboldt, Dilthey und Gadamer gehören ebenfalls auf diese Seite. »In dieser Tradition ist nämlich jener Protest gegen den platonisch-aristotelischen Vorrang des Logischen vor dem Rhetorischen lautgeworden, den Derrida von neuem erhebt.«[44]

Die Derrida-Lektüre Rortys hat sich zwischen den siebziger Jahren und heute gewandelt. Inzwischen spielt er selbst ironisch mit Derridas Texten, während er sich anfangs um eine durchaus ernsthafte, regelgerechte Interpretation bemüht hat.[45] Beides ist plausibel. Die frühe, ernsthafte Deutung wird jene Leser anregen, die mit Derrida weiterarbeiten wollen. Rortys heutige Sicht ist für diejenigen bestimmt, die die Derrida-Lektüre als Spiel betreiben.

Zunächst will ich die ernsthafte, die interpretierende Auslegung vorstellen, die Derridas Denkansatz in einen größeren philosophiegeschichtlichen Zusammenhang stellt: den Grundgegensatz zwischen Idealismus und Textualismus. Als Idealismus bezeichnet Rorty alle Denkrichtungen, die nach Begründungen und Wissen suchen. *Textualisten* sind diejenigen, die die *Welt als Buch*[46] denken (jene große Metapher, deren Entfaltung und Wendungen Hans Blumenberg so detailliert durch die Philosophiegeschichte hindurch verfolgt hat), und Philosophie gleichsam zum Bildungsroman machen. Geht man von dieser nicht allgemein üblichen Begriffsunterscheidung aus, ist Kant »Idealist«, Hegel »Textualist«.

Die Derrida-Formel »Es gibt nichts außerhalb des Textes« (»Il n'y a pas dehors texte«) aus der *Grammatologie*[47] macht ihn als Textualisten kenntlich. Rorty unterscheidet zwischen zwei Arten von Textualisten: den »starken« und den »schwachen«. Der schwache Textualist gibt vor, das Geheimnis des Textes zu enthüllen und sucht die metaphysische Bequemlichkeit, feste Kriterien zu haben für eine richtige Deutung. Der starke Textualist, Autoren wie Nietzsche, Foucault, Derrida oder Harold Bloom, kümmert sich nicht um die Unterscheidung zwischen Entdecken und Erschaffen, Auffinden und Selbermachen. Er verwendet einfach sein eigenes Vokabular und macht sich keine Sorgen darum, ob jemand es teilt. Der Glaube an ein irgendwie privilegiertes Vokabular ist für ihn bloßer Mythos. »Es gibt nichts außerhalb des Textes« ist dann eine lehrhafte Paradoxie und bedeutet, dass man alles in das Vokabular des starken Textualisten übersetzen kann. Nur ein schwacher Textualist würde sie als metaphysische Formel auffassen, die tatsächlich eine Aussage darüber macht, »was es gibt«. Dann würde sie ziemlich sinnlos. Im Grunde ist die Derrida-Formel eine Art leichtfertige Extravaganz (CP 154), um das zu sagen, was schon die Pragmatisten meinten: dass nämlich jedes neue Vokabular zur Deutung der Welt immer nur ein Vokabular, nicht aber eine plötzlich auftretende unverfälschte Version dessen sein kann, was wirklich ist (CP 153). Diese Einsicht verbindet Pragmatisten, Textualisten und die modernistische Literatur des zwanzigsten Jahrhunderts miteinander. Philosophie wird in dieser Interpretation eine Schreibweise, »a kind of writing«[48].

Diese frühe Derrida-Deutung verstrickt sich allerdings in ein Problem, sie betrifft nur die dekonstruktive, die »gute Seite« von Derridas Werk. Dagegen steht aber jene andere, schlechte, unglücklicherweise systembildende Seite, die darin besteht, dass Derrida seine Ansichten tatsächlich als strenge Doktrin verkündet und noch in eine Rhetorik des »Überwindens« verfällt. Er muss die »Metaphysik der Präsenz« im gleichen Sinne voraussetzen, wie die Perversion die Norm voraussetzt und die Dekonstruktion die Konstruktion. Sein Diskurs ist parasitär, er kann gar nicht den Boden einer eigenen Lehre abgeben. »Ohne den Spaß daran, Parasiten zu zertrampeln, andererseits, würde kein Kantianer die Mühe auf sich nehmen, mit dem Aufbau weiterzumachen.« (CP 108)

Eine Situation, in der man »gute« und »schlechte« Seiten eines Denkers unterscheiden muss, ist immer unbefriedigend und ein Hinweis darauf, dass eine angemessene Deutung noch nicht gelungen ist. Ob das Problem schon in den drei frühen Derrida-Texten angelegt ist, auf die sich Rortys Interpretation stützt – die *Grammatologie*, *Die Schrift und die Differenz* und *Die Stimme und das Phänomen* (alle drei aus dem Jahre 1967) –, oder ob es bei Rorty selbst liegt, kann hier nicht geklärt werden. Den Anstoß zu Rortys heutiger, leicht veränderter Interpretation jedenfalls gab die Entwicklung von Derridas Schreibweise selbst.

Dessen ursprünglich noch sehr professoral auftretende Theorie hat sich schließlich immer mehr in private Anspielungen und Witze aufgelöst. »Er gibt die Theorie – den Versuch, seine Vorgänger gleichmäßig und als Ganzes zu sehen – einfach auf zugunsten des freien Phantasierens über sie, zugunsten des spielerischen Umgangs mit ihnen; er läßt den Assoziationen, die sie hervorrufen, die Zügel schießen.« (KI 207)

Damit kommt nach Rortys Meinung die ironistische Theorie an ihr Ende. Was entstehen müsste, wäre Literatur. »Bei Heidegger weiß man, daß der Weg immer zurück zur Notwendigkeit, Seiendes vom Sein zu unterscheiden, führen wird, ganz gleich, was das angebliche Thema eines Aufsatzes sein mag; bei Derrida weiß man nie, was als nächstes kommt.« (KI 209) In dieser Diagnose trifft sich Rorty mit Jürgen Habermas, der hier die Einebnung des Gattungsunterschieds von Literatur und Philosophie konstatierte. Doch während Habermas dies beklagt hat, würde Rorty es begrüßen.

Die Pointe Derridas ist, dass er genau das nicht zugibt und sein freies Assoziationsspiel als kritische Strenge hinzustellen sucht; er muss es tun, weil er Philosophieprofessor ist und deshalb Nachfragen ausgesetzt ist, ob das, was er sagt, denn auch alles stimmt und begründbar ist. »Ich habe den Verdacht, daß Derridas Fachkollegen ihm das Leben nicht annähernd so schwer machen würden, wäre er ein reicher Ästhet, der mit Gedichten und Romanschreiben angefangen hätte und dann zur Philosophie übergewechselt wäre, aber niemals sein Brot mit der Lehre des Faches hätte verdienen müssen.« (KI 220)

Derrida auf diese Weise zu lesen ist ein recht eigenwilliger Vorschlag, anders als Rodolphe Gasché und Jonathan Culler[49] kann man dann nicht sagen, Derrida habe etwas bewiesen, jemanden widerlegt oder gar eine »Methode der Dekonstruktion« entwickelt. Nach welchen Kriterien soll man Derridas Texte dann aber beurteilen? Nach »literarischen« oder »philosophischen«? Bei einem radikal neuen Werk wie beispielsweise *Finnegans Wake*, der *Phänomenologie des Geistes* oder Nietzsches *Zarathustra* gibt es keine vorgängig verfügbaren Kriterien. Sie müssen sich irgendwann im Gespräch ergeben. Man sagt dann, diese Werke hätten ihre Maßstäbe selbst gesetzt.

Ein so grundsolider Theoretiker wie Jürgen Habermas hat hierzu die Sorge geäußert, dadurch würde philosophisches Denken »nicht nur seines Ernstes, sondern seiner Produktivität und Leistungsfähigkeit beraubt«[50]. Dieser Punkt dürfte aber zumindest unentschieden sein. Immerhin kann Rorty dagegenhalten und darauf hinweisen, von welcher durchschlagenden Wirkungslosigkeit eine bloß doktrinäre Fachphilosophie notwendigerweise ist.

5. Rorty über die Postmoderne

»Der Titel interessierte mich nicht. Ich schlug vor, Übergangsprofessor für trendige Studien genannt zu werden, aber niemand mochte diese Idee.« (Rorty zu seiner Berufung als Professor für Vergleichende Literaturwissenschaft in Stanford 1998)[51]

Wenn man weiß, dass Rorty in Kreisen der trotzkistischen und anti-stalinistischen Linken aufgewachsen ist, wird man die Ironie verstehen, mit der er sich als »postmoderner Bourgeois-Liberaler« bezeichnet hat.[52] Wie steht es mit seinem Verhältnis zur philosophischen Postmoderne? Gegen Jean-François Lyotards *Das postmoderne Wissen* von 1979 macht er folgenden Einwand geltend: Lyotard schließe unzulässigerweise von den krisenhaft-wissenschaftsrevolutionären Erscheinungen in einer Reihe von Disziplinen, vor allem der fraktalen Geometrie, darauf, dass das Ziel der Wissenschaft grundsätzlich nicht der Konsens, sondern der Dissens, die Paralogie sei, also eine Art permanenter katastrophischer Prozess. Rorty setzt dagegen die Vorstellung Thomas S. Kuhns, der zufolge Phasen »normaler« Wissenschaft sich abwechseln sollten mit revolutionärer Wissenschaft, dass aber nach der revolutionären Etablierung eines neuen Paradigmas dessen grundsätzliche Ausarbeitung in durchaus wieder logischen und verifizierbaren Diskursen folgen müsse. Lyotards Vorstellung, die Wissenschaft »ziele« darauf, Paralogie auf Paralogie zu häufen, sei ebenso sinnlos wie die Aussage, die Politik

»ziele« darauf, eine Revolution an die andere anzuschließen (HL 163).

Zweifellos hat Lyotard im *Postmodernen Wissen* einen wichtigen Punkt getroffen, wenn er wie Mary Hesse in ihrem Buch *Resolutions and Reconstructions in the Philosophy of Science*[53] die Sprache der theoretischen Naturwissenschaft als irreduzibel metaphysisch und als nicht-formalisierbar entlarvt und zeigt, dass die Wissenschaftslogik in Wirklichkeit in hermeneutisch-zirkulären Interpretationen, Reinterpretationen und der Selbstkorrektur von Daten durch Theoriebegriffe sowie der Theorie durch begriffene Daten besteht (HL 163). Damit ist aber nur eine schlechte Wissenschaftstheorie in Frage gestellt. Lyotard glaubt unglücklicherweise, einem spezifischen Wandel im Wesen zeitgenössischer Wissenschaften auf die Spur gekommen zu sein – während doch nur die Wissenschaftsgeschichte anders beschrieben wird. Er hat die Modellbeschreibungen, wie sie in der Wissenschaftstheorie vor Kuhn so gern aufgestellt wurden, für bare Münze genommen.

Damit stellt Rorty die wissenschaftstheoretische Fundierung der Postmoderne grundsätzlich in Frage. Er glaubt allerdings, dass Lyotard in einer wesentlichen Angelegenheit gegen die theoretische Moderne (und vor allem gegen deren Hauptvertreter Habermas) Recht hat: in seiner Kritik der großen Metaerzählungen, die die »Rhetorik der Emanzipation« (HL 172) ausmachen. Lyotards Konsequenz allerdings, in der Avantgardeästhetik des Erhabenen sozusagen die Hoffnung für die Verdammten dieser Erde zu suchen (HL 174 f.), hält er für »one of the left's silliest ideas« (HL 174). Irgendein kommunikativer Konsens bleibt nun einmal die treibende Kraft des gesellschaftlichen Zusammenlebens. Für soziale Zwecke ist nach Rorty eher Habermas' Ästhetik des Schönen, die zur Harmonisierung von Interessen beitragen könnte, geeignet als Lyotards Ästhetik des

Erhabenen, die die Einzelnen von den Interessen der anderen gerade radikal absondert.

Wenn Rorty für sich also den Begriff »Postmoderne« reklamiert, dann meint er ihre spielerische, nicht ihre erhabene Form. Gemeinsamkeiten können nach dem Ende der großen Erzählungen nicht mehr erzwungen werden, sondern müssen, wie John Dewey sich das vorstellte, im täglichen Detail hergestellt werden. Er lehnt deshalb jene anti-kommunikative Avantgardephilosophie ab, die Lyotard an Autoren wie Gilles Deleuze gerade so sehr bewundert.

Im Jahre 1985 kam es zu einer direkten Debatte zwischen Lyotard und Rorty in der Zeitschrift *Critique*. In Frankreich, wo in jenen Jahren noch das starke Identitätsgefühl von Avantgardedenken und philosophischem linken Radikalismus nachwirkte, wählte Rorty eine besonders reformistische und pragmatistische Sprache, die auch deutlich machte, dass er ein bestimmtes Denunziationsritual der aufklärerischen Denktradition zurückwies: »Der Pragmatismus schafft die revolutionäre Rhetorik der Emanzipation und der Denunziation ab (die geteilt wird von Voltaire, Julien Benda und Edward Said) und ersetzt sie durch eine reformistische Rhetorik, die mehr die Toleranz und weniger das Leiden betont. Wenn ihm etwa eine Idee (im kantischen Sinne) vorschwebt, dann ist es die der Toleranz statt der Emanzipation.« (CE 571)

Julien Benda ist der Autor des *Verrats der Intellektuellen* (*La trahison des clercs*, 1927), ein Entlarver des anti-demokratischen Intellektualismus der zwanziger Jahre. Edward Said, ein Columbia-Professor palästinensischer Herkunft, ist durch eine vernichtende Kritik an den Erklärungskonzepten des Orientalismus (1978) für die Kultur und Mentalität in der arabischen Welt berühmt geworden.

Rortys Fazit aus seiner Kritik: Es kommt darauf an, die Gewalt durch die Überredung (persuasion) zu ersetzen. Dies ist der Ausgangspunkt für seine Ablehnung von Lyotards Konzept der Inkommensurabilität. Inkommensurabilität bedeutet in Lyotards Denken, dass verschiedene Diskursarten ineinander unübersetzbar sind. Was bleibt, ist die »Multiplizität einer Welt aus Namen, die unübersteigbare Vielfalt der Kulturen« (CE 564).

Hinter diesem Gedanken steht für Rorty die Auffassung, dass jeder Einfluss einer Kultur auf die andere als »imperialistische« Gewalt gedeutet werden muss, weil eine gemeinsame Basis, die Voraussetzung jeder Art gewaltfreier Überredung wäre, nicht vorhanden ist. Wenn Menschen aus vorschriftlichen Kulturen Missionsschulen oder europäische Universitäten besuchen, wäre das nur eine besonders subtile Form, sie zu terrorisieren. Lyotard selbst würde gewiss nicht so argumentieren, Rorty gibt damit aber das Argument einer in Frankreich gängigen drittweltistischen Kritik am Ethnozentrismus einigermaßen zutreffend wieder. So verstanden, wäre die Feststellung der Inkommensurabilität ein prinzipielles Argument gegen Rortys Vorstellung und politisches Ziel, Gewalt durch Überredung zu ersetzen.

Rortys Gegenargument: Ein Anthropologe, der versucht, mit einem Indianerstamm zu leben, von dessen Sprache er kein Wort kennt (die also möglicherweise »inkommensurabel« ist), wird dennoch mit den Stammesmitgliedern in einer bemerkenswert großen Anzahl von Alltagsdingen, aber auch anderen »Selbstverständlichkeiten« übereinstimmen: dass es wünschenswert ist, Brunnen zu finden, dass Giftschlangen gefährlich sind, dass es schrecklich ist, wenn geliebte Mitmenschen sterben usw. (CE 572). Wenn das aber so ist, dann beginnt die vermeintliche Inkommensurabilität sich schon aufzulösen, weil praktische Gemeinsamkeiten Verstehensmöglichkeiten hervorbringen. Selbst wenn ein Satz der Stammessprache niemals exakt in einen englischen Satz zu übertragen ist, kann man doch plausible Erklärungen in Englisch anbieten für das, was die Stammesmitglieder vermutlich sagen. Sehr viel mehr Gewissheit lässt sich auch bei der Interpretation eines literarischen Textes oder der Aussagen eines unserer Politiker nicht gewinnen.

Richtig ist, dass es keine universelle Sprache gibt, in die alle anderen ohne Rest zu übersetzen wären. Zu erlernen aber sind letztlich alle Sprachen. Dazu bedarf es keiner Metasprache, sondern nur einer Alltagstechnik, man benötigt »Wißbegierde, Toleranz, Geduld und harte Arbeit« (CE 574). Unhaltbar dagegen ist die Idee von prinzipiell unübersetzbaren Sprachen. Denn immer, wenn Regelmäßigkeit auftritt, ist auch Verständigung, Übersetzung und Verständnis möglich, wie schwierig der Zugang auch immer sein mag. Lyotard hat eine Differenz ins Prinzipielle übertrieben, während es dem Pragmatismus gerade darauf ankommt, den unlösbaren Widerstreit durch einen entscheidbaren Rechtsstreit zu ersetzen.

Lyotard erwies sich in dieser Diskussion, so avantgardistisch sich seine Thesen sonst ausnehmen, als der traditionellere Philosoph. Er beharrte gegenüber Rorty auf dem grundsätzlichen Unterschied von überreden (persuader) und überzeugen (convaincre), wie das wohl jeder kontinentale Philosoph getan hätte. Rortys Antwort ist charakteristisch:

»Sie können keinen Unterschied zwischen Überreden und Überzeugen machen, der sich nicht rückbezieht auf die Differenz, die es gibt zwischen der physischen Gewalt im ordinären und einfachen Sinne, und der Abwesenheit physischer Gewalt. Wenn Sie nicht über eine Metaerzählung verfügen, wie das authentische menschliche Subjekt sich emanzipiert von seinen Illusionen und Vorurteilen, können Sie die traditionelle griechische Unterscheidung von Rhetorik und Logik nicht aufrechterhalten. Daraus folgt, die einzigen Unterscheidungen, die Ihnen zugänglich sind, sind solche, die es gibt zwischen der Anwesenheit oder der Abwesenheit der Geheimpolizei, der Journalisten, des Fernsehens etc.« (CE 584)

Damit zieht Rorty im Grunde die postmodernen Konsequenzen aus Lyotards Ausgangsüberlegungen, die bei aller selbstreflexiven Infragestellung doch immer wieder die Neigung durchscheinen lassen, Inkommensurabilität bloß zu behaupten, also – übersetzt in die Sprache der alten Metaphysik – die These vom Vorrang der Vielheit vor der Einheit aufzustellen. Der ironische Postmodernist Rorty ist in dieser Angelegenheit mehr im Recht als der philosophische Postmodernist Lyotard. Auf der politischen Ebene stimmen beide weitgehend überein, in ihren Ansichten über die Philosophie überhaupt nicht. Lyotard: »Ich habe vielleicht im Grunde keine politische Differenz mit Richard Rorty. Aber wir haben tiefe philosophische Differenzen.« (CE 583) Letztere sind für den postphilosophischen Theoretiker Rorty freilich gar nicht besonders wichtig. Aus seiner Sicht handelt es sich um eine »bloß philosophische Differenz« (KI 120).

6. Die dreifache Kontingenzerfahrung als Grundlage von Rortys politischer Philosophie: Sprache, Selbst, Gemeinschaft

Einer der Schlüsselbegriffe in Rortys Philosophie ist die Kontingenz. Sie kann umschrieben werden als das Nicht-Notwendige, das Zufällige, das, was ebensogut auch anders sein könnte.[54] Die beste Definition des Begriffs scheint mir zu sein: weder notwendig noch unmöglich, »was also, wie es ist (war, sein wird), sein kann, aber auch anders möglich ist«[55]. Kontingent kann nämlich – im Sprachgebrauch Rortys – durchaus etwas kausal Bedingtes sein, beispielsweise die Geburt, während es doch zugleich in einem moralischen Sinne ein geradezu klassischer Zufall ist, in welche Familie und in welches Land man »hineingeboren« wird. Das Kontingente ist gegeben im Hinblick möglichen Andersseins und im Horizont möglicher Abwandlungen. Es ist das, was »sich ereignet«, denn das lateinische *contingere* heißt schlicht: sich ereignen.

Es sind drei Kontingenzen, auf denen Rorty seine Theorie aufbaut: die Kontingenz der Sprache, die Kontingenz des Selbst und die Kontingenz des Gemeinwesens. Das intensive Nachdenken über die Sprache, sowohl bei Heidegger als auch bei den kühleren sprachanalytischen Philosophen, hat dazu geführt, dass man diese zu einer Art Gottheit stilisiert hat (KI 34). Als man sich der Sprache zuwandte, hatte man geglaubt, hier das Medium zwischen Selbst und Welt zu finden, ein Medium, das nicht so flüchtig zu sein schien wie das Bewusstsein, sondern etwas, das man sogar schwarz auf weiß in Händen halten konnte. »Derrida hat uns warnend erklärt, daß eine solche Apotheose der Sprache nur eine übersetzte Version der idealistischen Apotheose des Bewußtseins wäre.« (KI 34)

Diese Art von Sprachphilosophie gilt es zu entzaubern, um zu einer nüchternen Version zu kommen, in der sich viele philosophisch scheinbar schwierigen Probleme auflösen. Zum Beispiel: Wie kann es sein, dass ein Tisch in unserer Alltagssprache ein ziemlich fester Gegenstand ist, während er in der Sicht der Mikrophysik aus sich rasend bewegenden kleinen Teilchen besteht? Für Rorty ist eine solche Problemstellung der »Versuch, einen künstlichen theoretischen Streit zwischen Vokabularen zu provozieren, die ihre Fähigkeit zur friedlichen Koexistenz schon bewiesen haben« (KI 35). Eine derartige Frage ist ein Beispiel dafür, »wie Philosophen ihre Arbeit in Mißkredit bringen, indem sie Schwierigkeiten sehen, die niemand sonst sieht«. Neues entsteht in der Wissenschaft, aber auch in den Künsten und im moralischen und politischen Denken, »wenn jemand Interferenzen zwischen zwei oder mehreren unserer Vokabulare erkennt und dann dazu übergeht, ein neues Vokabular zu erfinden, das beide ersetzen kann« (KI 35).

Sprache hat keinen Zweck und ist kein Medium, sie ist eine Geschichte von Metaphern. Sprache und Kulturgeschichte können so beschrieben werden, wie uns Darwin die Geschichte eines Korallenriffs zu beschreiben gelehrt hat. Rorty entlehnt diese These einer sehr eigenwilligen Interpretation der Sprachphilosophie von Donald Davidson, die Davidson nicht in allen Punkten zu akzeptieren bereit ist. Insbesondere hält er es weiter für erforderlich, am Wahrheitsbegriff auf eine beinahe schon altmodische Weise festzuhalten, weil er ebenso klar wie grundlegend ist, während alle Wahrheitstheorien die Sache nur unübersichtlicher machen und dem Verständnis im Grunde nicht viel hinzufügen.[56]

Davidsons Metapherntheorie scheint – wie auch immer – für Rorty die entscheidende Anregung zu seinen eigenen Überlegungen gewesen zu sein, hinter denen eine ganz andere überlebensgroße Gestalt deutlich zu erkennen ist: Friedrich Nietzsche, auf den er sich an einer entscheidenden Stelle auch beruft (KI 43). Der »klassische« Text Nietzsches zu diesem Thema, dessen Spuren man bis in die Wahrheitstheorien von William James und John Dewey hinein hat finden können, ist *Über Wahrheit und Lüge im außermoralischen Sinne* (1873).

> »Was ist also Wahrheit? Ein bewegliches Heer von Metaphern, Metonymien, Anthropomorphismen, kurz eine Summe von menschlichen Relationen, die, poetisch und rhetorisch gesteigert, übertragen, geschmückt wurden, und die nach langem Gebrauche einem Volke fest, canonisch und verbindlich dünken: die Wahrheiten sind Illusionen, von denen man vergessen hat, daß sie welche sind, Metaphern, die abgenutzt und sinnlich kraftlos geworden sind, Münzen, die ihr Bild verloren haben und nun als Metall, nicht mehr als Münzen in Betracht kommen.«[57]

Diese berühmte Stelle hat in der Philosophie viele Entsetzensreaktionen hervorgerufen. Rorty dagegen kann sie hervorragend in sein Konzept der Erschaffung neuer Vokabulare durch Galilei, Hegel oder Yeats einbauen. Der buchstäbliche und der metaphorische Gebrauch eines Wortes sind in diesem Verständnis keine diametralen Gegensätze, sondern nur »eine Unterscheidung zwischen vertrauten und unvertrauten Verwendungen von Geräuschen und Zeichen« (KI 43 f.).

Diese Metapherntheorie läuft auf den Gedanken hinaus, dass hinter den Metaphern kein bestimmter, dechiffrierbarer Inhalt steckt, sondern vielmehr eine Art Verfremdungsmoment. Eine

Metapher in die Unterhaltung einwerfen heißt »soviel wie: die Unterhaltung plötzlich für einen Augenblick unterbrechen, um eine Grimasse zu schneiden; eine Photographie aus der Tasche ziehen und herumzeigen; auf eine Besonderheit der Umgebung deuten; den Gesprächspartner ohrfeigen oder küssen« (KI 44). Man wäre damit bei den Konzepten moderner Aktionskünstler. Es sind eher die Dichter als die Philosophen, die die Kontingenz akzeptieren und zu schätzen wissen. Eine Sprachgeschichte, an der sie selbst mitgewirkt haben, ersetzt die Vorstellung, Sprechen sei eine Repräsentation der Realität. Rorty fasst sein Argument in einem einzigen Satz zusammen: »Da Wahrheit eine Eigenschaft von Sätzen ist, da die Existenz von Sätzen abhängig von Vokabularen ist und da Vokabulare von Menschen gemacht werden, gilt dasselbe für Wahrheiten.« (KI 49) In welchem Sinne genau die Wahrheiten von uns gemacht sind – darauf werde ich später bei der Behandlung der liberalen »community« eingehen. Ähnlich wie Nietzsche erzählt Rorty die Geschichte der Wahrheit als eine Art Fabel: Erst hatten wir das Bedürfnis,

> »etwas zu verehren, das jenseits der sichtbaren Welt lag. Seit dem siebzehnten Jahrhundert versuchten wir, anstelle der Liebe zu Gott die Liebe zur Wahrheit zu setzen, und behandelten die Welt, die die Naturwissenschaft beschrieb, wie eine Gottheit. Seit dem Ende des achtzehnten Jahrhunderts versuchten wir, anstelle der Liebe zur wissenschaftlichen Wahrheit die Liebe zu uns selbst zu setzen, eine Verehrung unserer tiefinneren geistigen oder poetischen Natur, die wir als eine neue Quasi-Gottheit behandelten.« (KI 50)

Das bei allen Wandlungen der Wahrheitsvorstellungen beibehaltene Grundelement sind die privilegierten Vorstellungen, die Gottheiten und Quasi-Gottheiten. Nunmehr aber sollen wir versuchen, »an den Punkt zu kommen, wo wir *nichts* mehr verehren, nichts mehr wie eine Quasi-Gottheit behandeln, wo wir alles, unsere Sprache, unser Bewußtsein, unsere Gemeinschaft, als Produkte von Zeit und Zufall behandeln« (KI 50).

Die zweite wichtige Inspiration neben Nietzsche verdankt Rorty dem Literaturwissenschaftler Harold Bloom, vor allem dessen Konzept des »strong poet«, des »starken Dichters«. Dieser bringt neue Metaphern, neue Vokabulare hervor. Er darf und muss fehllesen, sich irren, wenn er ein Gedicht liest, um neue starke Gedichte zu produzieren.[58] Die gewollt paradoxe Rede vom absichtlichen Fehllesen deutet Bloom gern durch die feinere Formel »poetische Fehl-Deutung«[59]: »Ein Leser, der ein Gedicht versteht, versteht tatsächlich *sein* Lesen dieses Gedichts!« »Es gibt schwaches Fehl-Lesen und starkes Fehl-Lesen, so wie es schwache und starke Gedichte gibt, aber es gibt kein richtiges Lesen, weil das Lesen eines Textes notwendig das Lesen eines ganzen Systems von Texten ist.«[60]

Harold Blooms Gedanken bewegen sich trotz ihrer provozierenden Formulierung noch in der klassischen rhetorischen Tradition der *licentia poetica*, der dichterischen Freiheit, die er auf den Leser (der sie tatsächlich immer schon in Anspruch nahm, wenn auch meist mit schlechtem Gewissen) ausdehnt. Uns Alltagsmenschen allerdings gesteht Bloom diese Freiheit nicht zu:

»Niemand könnte sozial überleben, wenn er oder sie herumginge und behauptete, er oder sie müsse von jedem Beliebigen fehlinterpretiert werden, glücklicherweise brauchen aber Gedichte weder in der bürgerlichen Gesellschaft noch in einem Naturzustand zu überleben. Gedichte kämpfen ums Überleben in einem Staat von Gedichten, der per definitionem schrecklich überbevölkert war, jetzt ist und auch immer sein wird.«[61]

Bloom ist in diesem Punkt beinahe übervorsichtig, während Rorty ganz wie die Romantiker darauf aus ist, dieses poetische Selbstgestaltungskonzept möglichst auf die ganze Welt auszudehnen. Bloom neigt dazu, die Freud- und Nietzsche-Lektüre zu poetisieren, indem er in ihre skandalösen Texte statt »Person« oder »Idee« das Wort »Gedicht« einsetzt. Freud lässt sich dann als Mythenschöpfer verstehen: »an Freud führt kein Weg vorbei, denn er ist noch mehr als Proust der Mythenschöpfer unseres Zeitalters und ebensosehr unser Theologe und Moralphilosoph, wie er unser Psychologe und unser wichtigster Geschichtenerfinder war«[62].

Die Propagierung des kreativen Fehllesens ist weder bei Rorty noch bei Bloom so gemeint, dass man nun jede beliebige Lektüre akzeptieren müsste. Innerhalb jedes Lektüreparadigmas gibt es Kriterien, welche Deutung akzeptiert wird, welche zurückzuweisen ist. Es geht eher um die Öffnung für neue, »nichtnormale«, revolutionäre Deutungskonzepte, die bei Bloom den Maßstäben des »Poetischen« unterliegen, während Rorty sie daran messen will, ob sie originell sind. Eine falsche Lektüre, die zudem platt und langweilig ist, wäre durch nichts zu rechtfertigen. Das ist der Grund dafür, warum auch Rorty durchaus Fehldeutungen etwa philosophischer Begriffe aufdecken und in Frage stellen kann: Die Befürwortung des »creative misreading« ist gedacht als Rhetorik der Befreiung, nicht der Beliebigkeit.

Unter den amerikanischen dekonstruktivistischen Literaturtheoretikern ist eindeutig Harold Bloom und nicht Paul de Man Rortys Held. Paul de Man ist ihm zu philosophiegläubig – gibt er doch philosophische Sätze, die Rorty längst dekonstruiert hat, als anregende, richtige und sinnvolle Interpretationen von literarischen Werken aus. Paul de Mans Arbeiten leben noch von der philosophischen Rhetorik der Interpretation. Er versucht, das Gefühl zu vermitteln, hier werde einem tatsächlich erklärt, was im Text und vor allem »dahinter« steckt. Bloom dagegen (und mit ihm Rorty) treiben ihr Verunsicherungsspiel mit dem Leser und sind dadurch – zumindest bei der zweiten Lektüre – die interessanteren Autoren.

Die populäre Freud-Rezeption in unserer Gegenwartskultur ist ein gutes Beispiel dafür, wie Einsichten, die um die Wende zum zwanzigsten Jahrhundert persönliche Erschütterungskrisen auslösen konnten, fast spielerisch in den Alltag integriert worden sind. Das ist ohne weiteres zulässig, denn »soweit man Freud einen philosophischen Standpunkt zuschreiben kann, ist er wohl ebenso Pragmatist wie James und ebenso Perspektivist wie Nietzsche – oder auch ebenso Modernist wie Proust« (KI 77). Die Psychoanalyse wird hier als literarische Kulturform aufgefasst, Freud ist in dieser Sicht ein »strong poet« wie Proust auch.[63]

> »Der endgültige Sieg der Dichtung in ihrem alten Streit mit der Philosophie, der endgültige Sieg der Metaphern für Selbsterschaffung über die Metaphern für Entdeckung würde darin bestehen, daß wir uns mit dem Gedanken versöhnen, daß dies die einzige Macht über die Welt ist, auf die wir hoffen können. Denn damit hätten wir endlich der Idee abgeschworen, daß die Wahrheit, und nicht nur Gewalt und Pein, ›dort draußen‹ zu finden seien.« (KI 79)

Eine solche Kultur ist für Rorty allerdings kaum vorstellbar, genauso wenig wie das Absterben des Staates oder die Herrschaft von Platons Philosophenkönigen. Also werden wir auch nicht den Dichter vergöttlichen.

Die dritte große Kontingenz ist die des liberalen Gemeinwesens. Für die Anfänge der liberalen Demokratie war das Vokabular des Aufklärungsrationalismus gewiss entscheidend. Inzwischen gefährdet es eher die Erhaltung und Verbesserung demokratischer Gesellschaften. Wahrheit, Rationalität und Pflicht sind keine geeigneten Begriffe mehr, sie sollen ersetzt werden durch ein Vokabular, »das um Vorstellungen von Metapher und Selbsterschaffung kreist« (KI 85). Eine philosophische Grundlegung der Demokratie kann und soll nicht geliefert werden. »Denn die Idee einer ›philosophischen Grundlage‹ verschwindet mit dem Vokabular des Aufklärungsrationalismus.« (KI 85) Es geht um eine Neubeschreibung ihrer Praxis und ihrer Ziele auf eine nicht-rationalistische und nicht-universalistische Art, um das Haus neu zu möblieren, nicht, um es gegen Feinde zu verbarrikadieren (KI 85).

Die Suche nach Begründungen war charakteristisch für ältere Formen des kulturellen Lebens, in denen es letztlich doch um den Rückgang auf wie immer auch verweltlichte Götter ging. Die heutige Kultur des Liberalismus hingegen sei – wenigstens in ihrer Idealform – so aufgeklärt und säkularisiert, dass in ihr keine Spur des Göttlichen mehr bleibe, auch nicht in Form des vergötterten Selbst. In dieser Kultur gibt es keinen Raum mehr für die Vorstellung, »der Sinn des Lebens endlicher, sterblicher, zufällig existierender menschlicher Wesen leite sich von irgendetwas anderem ab als endlichen, sterblichen, zufällig existierenden Menschen« (KI 86). Übrig bleibt nur noch die *Neubeschreibung* unseres Selbst, unserer Institutionen und Praktiken. Begründung wäre das Emblem der Aufklärungskultur, Neubeschreibung (redescription) das einer neuen liberalen Kultur. »Liberalismus« ist hier, entsprechend dem üblichen amerikanischen Sprachgebrauch, immer als »sozialliberal« zu verstehen.

Am Ende seines Essays *Two Concepts of Liberty* zitiert Isaiah Berlin einen Satz Joseph Schumpeters: »Die Einsicht, daß die Geltung der eigenen Überzeugungen nur relativ ist, und dennoch unerschrocken für sie einzutreten, unterscheidet den zivilisierten Menschen vom Barbaren.«[64] Dieser Satz eignet sich wie kaum ein anderer dazu, die politischen Konsequenzen der Einsicht in die Kontingenz zu reflektieren. Der Standardeinwand ist natürlich: Wenn die eigenen Überzeugungen auch nur relativ sind, kann man genausogut auf sie verzichten, z.B. wenn man mit jemandem zu tun bekommt, der gebieterisch seine Ansprüche vertritt. Wenn Freiheit kein besonders privilegierter Gedanke ist, warum sollte man sie dann nicht aufgeben, sobald es ernst wird?

Isaiah Berlin hatte für die Schumpeter-These lediglich eine rhetorische Rechtfertigung gegeben. Für ihn war das Bedürfnis nach mehr als nur relativer Geltung ein Symptom moralischer und politischer Unreife.[65] Rorty schließt sich dieser Überlegung an, indem er Freiheit als »Erkenntnis der Kontingenz« definiert und es als eine Aufgabe unserer Kultur ansieht, die tiefen metaphysischen Bedürfnisse, die nach mehr und grundsätzlicheren Rechtfertigungen verlangen, wegzutherapieren (KI 87).

Als ersten Schritt in dieser Therapie sollte man den Begriff »nur relativ gültig« vermeiden – denn damit verwendet man schon das Begriffspaar absolut/relativ. Für jemanden aber, der absolute Begriffe ablehnt, macht die Rede vom Relativismus nur noch wenig Sinn, »sowenig, wie für jemanden, der glaubt, es gebe keinen Gott, noch Blasphemie existiert« (KI 94). Die schöne Paradoxie von Schumpeters Formel, die sie zum wohlfeilen Zitatschmuck für politische Redner mit eher zweifelhaften Anliegen prädestiniert, resultiert in der Tat daraus, dass das »nur relativ« im Hörer sofort die ganze Begriffsreihe von Wahrheit und Vernunft evoziert.

Die unerschrockene Überzeugtheit ohne philosophisch ausreichenden Grund ist, wenn wir uns am herkömmlichen Vokabular orientieren, selbstverständlich ein irrationaler Akt. Rorty schlägt vor, die traditionelle Unterscheidung von rational und irrational einzuschränken und sie nur innerhalb eines Sprachspiels gelten zu lassen, nicht aber bei den großen Veränderungsprozessen des sprachlichen Verhaltens. Von Rationalität sollte dann nur in einem begrenzten und übersehbaren Kontext gesprochen werden. Wechseln wir aber von einem Grundvokabular in das andere, dann wird es sinnlos, von Rationalität zu reden. Dann treten jene Situationen auf, in denen diejenigen, »die die alte Sprache sprechen und keine Lust zum Wechsel haben, die das Sprechen eben dieser Sprache für ein Markenzeichen der Rationalität oder Moralität halten«, die »Anziehungskraft der neuen Metaphern – der neuen Sprachspiele, die die Radikalen, die Jugend oder die Avantgarde spielen« (KI 90) – für vollkommen irrational halten.

Innerhalb von Sprachspielen gibt es Gründe, Behauptungen zu glauben. Es gibt aber kein übergreifendes Sprachspiel, kein Superprogramm, das verschiedene Sprachspiele ebenfalls nach Kriterien der Rationalität überprüft. Ein archimedischer Punkt ist nicht vorhanden. Rorty vertritt eine Konzeption des Nebeneinanders verschiedener Sprachspiele, zwischen denen *rationale* Übergänge nicht möglich sein müssen. Rationalität ist dann so etwas geworden wie »innere Kohärenz«. Rationalität als innere Kohärenz ist eine Idee Donald Davidsons.[66] Da man nicht denken kann, ohne sich schon innerhalb eines Vokabulars, eines Sprachspiels zu bewegen, »wird keine Möglichkeit bestehen, sich über die Sprache, Kultur, Institutionen und praktischen Verhaltensweisen zu erheben, die man angenommen hat, und keine Möglichkeit, sie auf gleicher Ebene mit allen anderen zu sehen« (KI 94).

Mit der Grundvoraussetzung des gedanklichen Absolutismus, dem festen Punkt außerhalb, fällt auch die Voraussetzung des Relativismus, alles als gleichrangig anzusehen. Man muss sich stattdessen darüber klar werden, dass man sich immer schon in einem Zusammenhang befindet. Damit verliert auch die Kritik, die gegen Schumpeter und Isaiah Berlin vorgebracht wurde, ihren Boden: Wir sind gar nicht in der Lage, uns über die Kontingenz der Geschichte zu erheben und unsere liberale Freiheit relativistisch auf eine Stufe zu stellen mit anderen Konzepten, etwa denen der Nazis oder dem Willen Gottes, als er die Religionskriege und Kreuzzüge inspirierte (KI 93).

Rortys Ideen haben an dieser Stelle nur eine begrenzte Reichweite. Denn wenn wir unsere Kultur nicht in eine Reihe stellen beispielsweise mit den Kulturkonzepten von Nazis oder Religionskriegern, dann müssen wir immerhin voraussetzen, dass wir in einer solchen liberalen Gesellschaft leben. Tun wir das nicht, leben wir etwa in einer Nazigesellschaft, dann *brauchen* wir einen Punkt außerhalb, z.B. allgemeingültige Menschenrechte, um den Widerstand denken zu können.

Rortys Philosophie eignet sich ganz offenbar nur zur Selbstbeschreibung *liberaler* Gesellschaften, enthält aber keinen gedanklichen Ansatz, um im Falle des Aufeinandertreffens verschiedener Kulturkonzepte Lösungen zu finden. Sie ist nicht relativistisch, sondern vielmehr ethnozentrisch, nämlich bezogen auf die eigene Kultur. Rorty behauptet nicht, dass die eigene Kultur die richtige ist, er fordert aber, dass wir nicht aus ihr herausgehen sollten.

Man sollte ihn allerdings nicht voreilig als Kulturimperialisten oder gar als Schlimmeres beschimpfen, der den Rest der Welt amerikanisieren wolle. Wenn man von einer Rationalität der inneren Kohärenz ausgeht, kann die Bremse gegen die Imperialismen (und andere verwerfliche Dinge) allerdings nicht mehr in einem Außerhalb liegen, sondern nur noch in der differenzierten Entwicklung dieser Kultur selbst. Grausamkeit und Ungerechtigkeit werden nicht dadurch weniger, dass man für die Gesellschaft philosophische Grundlagen konstruiert, sondern durch eine bessere Selbstbeschreibung. Rorty nimmt nicht einmal (wie noch Milton und John Stuart Mill) an, dass in freien und offenen Meinungskämpfen die Wahrheit immer siegen werde. »Eine Gesellschaft ist dann liberal, wenn sie sich damit zufriedengibt, das ›wahr‹ zu nennen, was sich als Ergebnis solcher Kämpfe herausstellt.« (KI 96) Er meint damit, dass auch die Vokabulare, die unsere allerheiligsten und allerwichtigsten Wörter enthalten, nämlich die, die für unsere Selbstbeschreibung entscheidend sind, von uns produziert werden. Sie sind Artefakte und gleichzeitig Werkzeuge, mit denen wir neue Artefakte produzieren können, Artefakte wie Gedichte, utopische Gesellschaften, wissenschaftliche Theorien und die Ideen, die vielleicht die zukünftigen Generationen bestimmen werden. Es kommt ihm darauf an, »die Rhetorik des Liberalismus um diesen Gedanken herum zu bauen« (KI 99).

Die Rechtfertigung der eigenen Position wird dadurch in der Tat rhetorisch, und die Idee, man könne die Nazis oder Stalinisten dadurch widerlegen, »daß man sie gegen eine Wand aus Argumenten zurückdrängt« (KI 99), wird hinfällig. Die Frage, wie der Nazi und der Stalinist widerlegt werden können, wird in Rortys Diskurs zu einer Sache der Konversation. Die Mittel, die Rorty dafür empfiehlt, können indes nur so lange funktionieren, als auch der Gegenspieler die Regeln des Gesprächs respektiert. Rorty würde wohl nicht abstreiten, dass man bereit sein sollte, sich zur Wehr zu setzen, wenn der Gegner zu anderen Mitteln greift. Sein rhetorisches Konzept bietet dazu aber keinen Leitfaden an, der Orientierung gibt.

Im Folgenden will ich eine längere Passage ungekürzt zitieren, um deutlich zu machen, dass die Engführung von politischem und poetischem Programm keine gewaltsame Zusammenfügung verschiedener Textteile, sondern Rortys ureigenste Vorgehensweise ist.

»Aus der Perspektive betrachtet, die ich empfehle, wird jeder Versuch, einen Gegner in dieser Weise in die Enge zu treiben, sofort scheitern, wenn sich zeigt, daß die Wand, gegen die er gedrängt wird, nur ein anderes Vokabular, eine weitere Art ist, Dinge zu beschreiben. Dann zeigt sich, daß die Wand nur eine gemalte Kulisse ist, wieder nur ein Menschenwerk, ein Bühnenbild für die Kultur. Eine poetisierte Kultur wäre eine, die nicht darauf beharrt, daß wir die echte Wand hinter den gemalten Wänden finden, die echten Prüfsteine der Wahrheit im Gegensatz zu Prüfsteinen, die nur kulturelle Artefakte sind. Sie wäre eine Kultur, die gerade dadurch, daß sie zu schätzen weiß, daß alle Prüfsteine solche Artefakte sind, sich die Erschaffung immer vielfältigerer und vielfarbigerer Artefakte zum Ziel setzte. Kurz, aus meinen Überlegungen zu der Behauptung, Berlins Position sei ›relativistisch‹, möchte ich die Lehre ziehen, daß man einem solchen Vorwurf nicht entgegentreten, sondern ausweichen soll.« (KI 99)

Ich habe in Abweichung von der Übersetzung Christa Krügers für »poeticized culture« »poetisierte Kultur« geschrieben. Das scheint mir dem in vielen Formeln an Begriffen der Frühromantik anknüpfenden Text ein wenig besser zu entsprechen als »ästhetisierte Kultur«.[67]

Eines der vielen Probleme in diesem Textstück ist die Gleichsetzung von Kontingenz und Artefakt. Rorty ermuntert uns, das, was wir als Theorie oder Rhetorik selbst schaffen, dann auch gleich in der Art eines Kunstwerks zu produzieren. Kunst und Politik sind aber verschiedene Sprachspiele, in denen unterschiedliche Regeln gelten. Originalität und Radikalität sind gewiss hochrangige Wertmaßstäbe in der Kunst. In der Politik machen sie das Zusammenleben gefährlicher.

Kunst wird meiner Auffassung nach unterschätzt, wenn man sie heranzieht zur »Erschaffung immer vielfältigerer und vielfarbigerer Artefakte«. Das klingt zu sehr nach einer bunten Papageno-Kultur, also so, wie der kleine Moritz sich die Postmoderne vorstellt. Die Rorty-Community wäre sicherlich ein hervorragender Platz, an dem der »strong poet« unbehelligt und hochgeschätzt leben könnte; es ist allerdings fraglich, ob dieser »culture hero« (KI 98) auch die politische Rhetorik prägen sollte.

Um einem nahe liegenden Missverständnis vorzubeugen: Rorty will nicht unbedingt die politische Funktion des literarischen Intellektuellen stärken. Er verlangt nicht, dass wir den politischen Erlassen von Norman Mailer, Mary McCarthy, Gabriel Garcia Marquez oder Günter Grass folgen sollen. Politisch haben sie so viel Recht auf Gehör wie jeder andere auch. Sie haben allenfalls den Vorteil der Prominenz, nicht aber der besseren Einsicht. Interessant werden ihre Texte aber dann, wenn sie mit literarischen Mitteln zur Erweiterung unserer Wahrnehmungsfähigkeit für Grausamkeiten beitragen, die wir oder andere zu verantworten haben. Rorty versucht hier, über die französische Diskussion um Lyotards *Grabmal des Intellektuellen*[68] hinauszugelangen. Lyotard hatte das Ende der Ära Sartres konstatiert, also des Intellektuellen, der an universalistischen Werten orientiert ist, zu allen großen Fragen Stellung nimmt und sich dabei ständig mit Emphase irrt. An seine Stelle sind Bescheidenheit, defensive und lokale Stellungnahmen getreten, eine neue Verantwortlichkeit, die von Formen praktischer Klugheit, nicht mehr von einem grandiosen intellektuellen Anspruch geleitet sein sollte.

Konstitutiv für die öffentliche Gestalt des Intellektuellen war, dass ihm das Prestige seines Namens, das er sich in einem Bereich erworben hatte, auch in einem anderen Gewicht verlieh. Das erscheint heute, wo Kunst, Politik und Philosophie sich immer mehr in Teilbereiche ausdifferenziert haben, als eine Anmaßung, die allenfalls dann zu legitimieren wäre, wenn eine Art von Universalität noch ungebrochen in Geltung wäre. Über diesen Diskussionsstand versucht Rorty hinauszukommen, indem er eine Verallgemeinerung durch Poetisierung oder Literarisierung der Kultur empfiehlt. Rortys Allgemeinheit ist nicht mehr die klassische, verbindliche, begründete Universalität; sie ist keine logische, sondern eine »bloß ästhetische Allgemeinheit«, wie es in Kants *Kritik der Urteilskraft* heißt.[69]

Kants Begriff der ästhetischen oder subjektiven Allgemeinheit aus der *Kritik der Urteilskraft* ist meiner Ansicht nach hervorragend geeignet, um Rortys Konzept nachvollziehbar zu machen. Das ästhetische Urteil ist ein subjektives Geschmacksurteil. Die Antinomie des Geschmacksurteils besteht darin, dass man darüber zwar streiten, aber nicht mit verbindlichen Argumenten disputieren kann. Kant löst diese Antinomie dahingehend auf, dass der Appell an andere, mit unseren subjektiven Urteilen übereinzustimmen, bei ihnen einen Gemeinsinn, einen sensus communis voraussetzt. Man findet eine gemeinsame Basis in der Anerkennung des anderen als ästhetisch Urteilendem; das ist eine Konstruktion, die ein gewisses Maß an frei fließendem Dissens durchaus zulässt. Wenn verbindliche erkenntnistheoretische Grundlagen nicht mehr angenommen werden können, dann ist die Besinnung auf die Funktionsweise der ästhetischen Urteilskraft tatsächlich ein möglicher Weg, zu Gemeinsamkeiten zu kommen. Für Jean-François Lyotard war Kants Auflösung der Antinomie des Geschmacksurteils eine der einleuchtenden Methoden, mit einem Widerstreit umzugehen. Man findet eine gemeinsame reflexive Basis, auf der man sich über einen Dissens verständigen kann. Der Dissens verschwindet dadurch keineswegs. Man kann diese Denkweise Lyotards als eine Art »Kantianismus der dritten Kritik«, nämlich der *Kritik der Urteilskraft*, kennzeichnen.

Im Mittelpunkt von Rortys Wahrnehmung stehen dagegen die ersten beiden Kritiken Kants, die erkenntnistheoretische *Kritik der reinen Vernunft* und die *Kritik der praktischen Vernunft*.

Da er sich auf diese beiden Texte konzentriert, kommt er beinahe ausschließlich zu negativen oder ablehnenden Urteilen über Kant. Die *Kritik der Urteilskraft* spielt in Rortys Kant-Interpretation hingegen keine Rolle. Aber auch seine anderen Bemerkungen zu Kant stützen sich, ganz anders als seine Auseinandersetzungen mit Sellars, Quine, Davidson, Strawson und anderen nur selten auf die Interpretation bestimmter Textpassagen, so dass sie ziemlich allgemein bleiben. Als Rorty einmal gefragt wurde, wie es mit dem Einfluss von Kant auf ihn stehe, antwortete er, dass er gewiss von Heideggers Buch über Kant beeinflusst sei, also von *Kant und das Problem der Metaphysik*.[70] Trotz Peirce ist die Kant-Rezeption in der amerikanischen Philosophie immer noch sehr einseitig.

Selbsterschaffung und Solidarität sind in Rortys Sicht zwei inkommensurable Ziele, die sich nicht in eine gemeinsame Sprache übersetzen lassen. Deshalb sollen beide nebeneinander stehen – als Zusammenstimmen in einer Differenz. Seine »poetisierte Kultur« wäre eine Welt, in der die Solidarität (oder Gerechtigkeit) nicht »entdeckt« oder »aus Gründen abgeleitet«, sondern durch Einbildungskraft geschaffen würde. Die »liberale Ironikerin« (Rorty verwendet die weibliche und die männliche Form in freiem Wechsel) wäre die charakteristische Bewohnerin dieser Utopie. »Meine Definition des ›Liberalen‹ übernehme ich von Judith Shklar, die sagt, Liberale seien die Menschen, die meinen, daß Grausamkeit das Schlimmste ist, was wir tun. ›Ironikerin‹ nenne ich eine Person, die der Tatsache ins Gesicht sieht, daß ihre zentralen Überzeugungen und Bedürfnisse kontingent sind.« (KI 14)[71]

Der Ironismus wirkt oft asozial, demokratie- und solidaritätsfeindlich – etwa in den Texten von Nietzsche, mitunter auch bei Foucault. Der Liberale dagegen wirkt streng fortschrittsgläubig und verweigert sich der Kontingenzerfahrung.

»Michel Foucault ist ein Ironiker, der kein Liberaler sein will; und Jürgen Habermas ist ein Liberaler, der kein Ironiker sein will.« (KI 111)

7. Private Ironie und öffentliche Solidarität

Als politische Philosophen hält Rorty Nietzsche, Heidegger und Derrida für »im besten Fall unnütz und im schlimmsten Fall gefährlich« (KI 121). Sie sind aber für unsere privaten Selbstbilder unschätzbar wichtig (KI 142). Wenn wir das Selbst aufsplitten in den privaten und den öffentlichen Bereich, wenn wir die großen Ironiker für den privaten, die Theoretiker der Solidarität wie Dewey und Habermas für den öffentlichen Bereich gelten lassen, können wir das Nebeneinander von Ironie und Solidarität lebbar machen.

Jeder trägt ein Letztvokabular (final vocabulary) mit sich herum, das zur Rechtfertigung von Handlungen, Überzeugungen usw. eingesetzt wird. Ironikerinnen sind solche Menschen, die Zweifel und Distanz gegenüber ihrem Letztvokabular haben. »Das Gegenteil von Ironie ist gesunder Menschenverstand. Denn er ist die Parole derer, die alles Wichtige unbefangen in Begriffen des abschließenden Vokabulars beschreiben, das sie und ihre Umgebung gewohnt sind.« (KI 128) Deshalb ist Rorty überzeugt, dass Anhänger des Common sense seine Bücher abstoßend finden werden. »Eine Ironikerin ist [...] Nominalistin und Historistin« (KI 129), sie meint, für sie seien Gerechtigkeit, Wissen, Sein und Glauben nur Begriffe, aber keine realen Wesenheiten; und vor allen Dingen: sie seien historisch, also zufällig zustande gekommen. Ironiker sind außerdem dialektisch eingestellt. Rortys im Folgenden zitierte Charakteristik von Hegels *Phänomenologie des Geistes* wird jedem orthodoxen

Hegelianer die Haare zu Berge stehen lassen. Wenn wir sie aber auf den Kontext von Rortys Rede über wechselnde Vokabulare und Neubeschreibungen beziehen, macht sie durchaus Sinn, denn so gesehen

> »ist Hegels sogenannte ›dialektische Methode‹ weder ein Prozeß der Argumentation noch eine Weise der Vereinigung von Subjekt und Objekt, sondern einfach literarisches Geschick. Geschick, das sich in der Herstellung überraschender Gestaltwechsel durch glatte, schnelle Übergänge von einer Terminologie in die andere zeigt. Statt an den alten Platitüden festzuhalten [...] veränderte Hegel ständig das Vokabular [...]; statt philosophische Theorie zu konstruieren und Argumente für sie zu produzieren, vermied er Argumentation, indem er ständig die Vokabulare verschob und dabei das Thema wechselte. [...] Seine Kritik an seinen Vorgängern lautete nicht, daß ihre Aussagen falsch, sondern daß ihre Sprache veraltet sei.« (KI 135 f.)

Hegel als »strong poet« – das ist Rortys Alternativlektüre zu jenem an den amerikanischen Universitäten verbreiteten Hegelbild der sprachanalytischen Schule, das sich am besten so zusammenfassen lässt: »It was widely believed that reading Hegel rottens the brain.«[72] Rortys Hegelbild ist in Wirklichkeit nicht so exzentrisch, wie diejenigen meinen, die ihn ausschließlich als eine Art Heldengestalt der philosophischen Tradition lesen gelernt haben. Rorty weiß sehr genau, dass die ersten großen Interpreten Hegels zwei Schriftsteller waren, nämlich Heinrich Heine und Sören Kierkegaard, die ihn lasen, wie wir heute Freud, D.H. Lawrence oder Orwell lesen.[73] Die Grundhaltung, die dahinter steht, ist sein von der modernen amerikanischen Literaturkritik geprägter Umgang mit Büchern, die nicht mehr erklären will, was in ihnen »wirklich steht«, sondern sie vielmehr auf eine möglichst originelle Weise für die eigenen Ideen fruchtbar macht. Die Orientierung an Büchern ist für Rorty außerordentlich wichtig. Unsere Kenntnisse über Kulturen und in Personen verkörperte Vokabulare können wir am einfachsten durch Bücherlesen erweitern, »und deshalb verbringen Ironikerinnen und Ironiker mehr Zeit mit dem Zuordnen von Büchern als dem Zuordnen von wirklichen, lebendigen Menschen. Ironikerinnen und Ironiker fürchten, in dem Vokabular steckenzubleiben, in dem sie aufgewachsen sind, wenn sie nur Menschen ihrer Umgebung kennen, deshalb versuchen sie, mit fremden Leuten (Alkibiades, Julien Sorel), fremden Familien (den Karamasows, den Casaubons) und fremden Gruppen (den Deutschherren, den Nuern, den Sung-Mandarinen) Bekanntschaft zu schließen.« (KI 138 f.) Konsequenterweise war sein Privathaus in der Nähe von Charlottesville, Virginia, voll von Büchern und ohne Fernsehen.

Literaturkritiker haben in den USA, weil sie mehr Bücher gelesen haben, in Rortys Sinn also weiter herumgekommen sind, sogar schon eine führende Rolle in der demokratischen Hochkultur einnehmen können (KI 141). Das allerdings wohl auch deshalb, weil die in den USA immer noch vorherrschende analytische Richtung der Philosophie bei allen Orientierungsfragen versagt. Wie auch immer, der Anteil der Ironikerinnen gegenüber den Metaphysikern unter den Intellektuellen ist in den letzten Jahren deutlich angestiegen.

Gegen den Vorrang des Literarischen hat Jürgen Habermas den Vorwurf der Verantwortungslosigkeit erhoben. An dieser Entwicklung von Nietzsche über Horkheimer/Adorno bis hin zu Bataille und Foucault hat er in *Der philosophische Diskurs der Moderne* kritisiert, sie sei destruktiv für alle sozialen Emanzipationshoffnungen. Rorty dagegen bezeichnet »diese Denklinie als weitgehend irrelevant für das öffentliche Leben und politische Fragen« (KI 142). Die Differenz zwischen Rorty und Habermas ist nicht unbedingt eine der politischen Zielsetzung, sondern eine der philosophischen Konzeption. Habermas nimmt Rorty zufolge an, »daß die wahre Bedeutung einer philosophischen Meinung in ihren politischen Implikationen besteht« (KI 143), und trifft mit dieser Diagnose sehr genau nicht nur das Denken von Habermas selbst, sondern auch der meisten seiner Schüler und Anhänger. Die politische Philosophie rückt dabei ins Zentrum – so wie in der analytischen Tradition die Sprache ins Zentrum gerückt war. Wenn man aber den Gedanken an einen Mittelpunkt des Selbst und des Denkens aufgibt, dann bleibt nur eine einzige wichtige politische Unterscheidung: »die zwischen der Anwendung von Gewalt und von Überredung« (KI 144) bei der Entwicklung neuer Überzeugungen.

Soweit der Unterschied. Die Gemeinsamkeit mit Habermas besteht darin, dass beide die konsenstheoretische Interpretation des Wahrheitsbegriffs teilen, nach der dasjenige »wahr« oder »gut« ist, was als Ergebnis einer freien Diskussion herauskommt. Rorty neigt allerdings dazu, den Begriff »unverzerrte Kommunikation« weniger anspruchsvoll zu definieren, als das in der deutschen Diskursethik üblich ist.[74] Das kann er tun, weil er die Vorstellung, »liberale Gesellschaften würden durch philosophische Überzeugungen zusammengehalten«, für lächerlich hält. »Zusammengehalten werden Gesellschaften durch gemeinsame Vokabulare und gemeinsame Hoffnungen.« (KI 147f.) Weil dafür von der Philosophie wenig abhängt, können auch die Ansprüche an sie ermäßigt werden.

Hier liegt eine bedauernswerte Unklarheit in Rortys Konzeption; denn auch, wenn die Philosophen solche Ansprüche nicht in besonderer Weise erfüllen müssen, diese sich vielmehr an jeden Zivilbürger richten, sind sie doch offenbar erforderlich für das Überleben der Demokratien. Der öffentliche Diskurs tut deshalb gut daran, anti-demokratische Meinungen der Kritik auszusetzen. Rortys Methode, sie dem privaten Bereich zuzuschlagen, den öffentlichen Diskurs aber von ihnen freizuhalten, ermöglicht allerdings eine sehr viel weiter gehende Toleranz beispielsweise gegenüber den politischen Ansichten eines Nietzsche, Heidegger, Ezra Pound oder Louis-Ferdinand Céline – eine Art von »repressiver Toleranz«, die sie in der Politik nicht zum Zuge kommen lassen wird und die sich in den westlichen Gesellschaften gegenüber der Zensur als außerordentlich effektvoll und dem Geist dieser Gesellschaften besser entsprechend erwiesen hat. Hatte Herbert Marcuse die *repressive Toleranz* noch beklagt, weil sie die Revolution verhindere, macht Rorty sie – ohne allerdings den Begriff zu übernehmen – zu seinem politischen Konzept. »Ironie scheint ihrer Natur nach eine Privatangelegenheit.« (Kl 150) »Eine Ironikerin ist eine typisch moderne Intellektuelle, und nur liberale Gesellschaften geben ihr die Freiheit, ihre Entfremdung zu artikulieren.« (Kl 152) Neubeschreibungen, die immer wieder unser Letztvokabular in Frage stellen, treten normalerweise mit dem Anspruch auf, uns nun aber unser wahres Selbst, unsere wirklichen sozialen Interessen zu enthüllen. Das gehört zur Rhetorik des Paradigmenwechsels. Und weil man, wenn man durch einen solchen Prozess hindurchgegangen ist, vieles von nun an anders sieht, fühlt man sich befreit. Es ist einem »wie Schuppen von den Augen gefallen«, wie es in der Sprache der Konvertiten, der Neubekehrten heißt. Rorty schlägt vor, Neubeschreibungen von diesem Machtspiel zu befreien, d.h. sie einfach als das übliche Spiel der intellektuellen Ironikerin zu sehen.

Das geht natürlich nur im Raum der Privatheit: »Zu meinen Privatzwecken darf ich dich und jedermann in Termini beschreiben, die nichts mit meiner Einstellung gegenüber deinem tatsächlichen oder möglichen Leiden zu tun haben.« (KI 156) Wenn es aber um das soziale Handeln geht, dann muss die Demütigung des anderen durch mein eigenes Vokabular vermieden werden. Die Ironikerin »meint, daß sie nicht durch eine gemeinsame Sprache, sondern *nur* durch Schmerzempfindlichkeit mit der übrigen spezies humana verbunden ist, besonders durch die Empfindlichkeit für die Art Schmerz, die die Tiere nicht mit den Menschen teilen – Demütigung« (KI 158).

Demütigung bei anderen wahrzunehmen ist keine Sache der metaphysischen Begründung, sondern mehr der phantasievollen Einfühlung, d.h., es geht um ein literarisches bzw. ästhetisches Vermögen. Das, was in einer Gesellschaft als Grausamkeit angesehen und abgelehnt wird, wächst gewiss mit dem Differenzierungsgrad und dem Entwicklungsstand ihrer ästhetischen Sensibilität. Es kommt darauf an, Demütigung, Grausamkeit, Schmerz in Worte zu fassen und dadurch erkennbar zu machen. »Dazu eignen sich liberale Romanschreiber, Dichter oder Journalisten gut, liberale Theoretiker im allgemeinen nicht.« (KI 160)

Wo Ironiker selbst als Theoretiker auftreten, wollen sie immer noch »die Macht, die aus der engen Beziehung zu jemand sehr Großem stammt; das ist ein Grund, warum sie kaum je Liberale sind. Nietzsches Übermensch teilt mit Hegels Weltgeist und Heideggers Sein die Dualität, die Christus zugeschrieben wird: ganz Mensch, aber in seiner Zugehörigkeit zum Unsagbaren auch ganz Gott.« (KI 171)

Rorty erklärt den jungen Hegel, Nietzsche und Proust zu Ironikern, die Neubeschreibungen, die antithetische Beschreibungen derselben Situation bieten. »Alle drei hatten großes Geschick darin, scheinbar auf beiden Seiten eines einzigen Problems zugleich zu sein, während sie in Wirklichkeit die Perspektive wechselten und dabei zwischen zwei Antworten das Problem verschoben.« (KI 173) Das Schwindelerregende der Proust-Lektüre ist vielfach bemerkt worden, beispielsweise von André Glucksmann.[75] Nietzsche ist nicht unbedingt ein konsequenter Ironiker, weil er die jeweils neu gewonnene Perspektive letztlich doch als die bessere, die zutreffendere zu beschreiben sucht (KI 177).

8. Nabokov und Orwell über Grausamkeit und Solidarität

Die Trennung zwischen öffentlich und privat zielt »darauf, daß wir Bücher, die unsere Autonomie fördern, unterscheiden von solchen, die uns helfen, weniger grausam zu sein« (KI 229). Zur ersten Gruppe gehören literarische und theoretische Bücher, beispielsweise über Sklaverei, Armut oder Vorurteile. Rorty zählt hierzu Friedrich Engels' *Die Lage der arbeitenden Klassen in England*, Harriet Beecher-Stowes *Onkel Toms Hütte* (1852), Victor Hugos *Die Elenden* (1862), Richard Wrights *Black Boy* oder Theodore Dreisers *Schwester Carie* (1899). Zur zweiten Gruppe gehören Bücher über das Thema, »in welcher Weise Menschen besonderer Art grausam zu anderen Menschen besonderer Art sind« (KI 230), es geht also um individuelle Grausamkeit. Hierzu zählt das Verhalten des Gelehrten Dr. Casaubon in George Eliots *Middlemarch* (1872) oder das von Mrs. Jellyby in Charles Dickens' *Bleakhouse* (1853).

An diesen Beispielen sieht man, dass Rortys Gegenüberstellung von privat und öffentlich wenig mit der üblichen Entgegensetzung von »moralisch« und »ästhetisch« zu tun hat, wie sie von Kant über Max Weber bis Jürgen Habermas verbindlich ist. Rorty kann mit ihr deshalb wenig anfangen, weil solche Bestimmungen der Rolle nicht gerecht werden, »die vor allem Romane für die Reform sozialer Institutionen, die Erziehung der Jugend und das Selbstbild der Intellektuellen gespielt haben« (KI 231).

Die Standardunterscheidung zwischen moralischer und ästhetischer (sowie, als dritter, der kognitiven) Sphäre lässt kaum Raum für Ironie, im Grunde auch nicht für das Streben nach Autonomie. Sie verführt dazu, die intensive Beziehung zwischen Literatur und Moralität zu simplifizieren. »Liberale Ironiker können sich der Standardunterscheidung zwischen dem Moralischen und Ästhetischen in der Anwendung auf Bücher dann am weitesten annähern, wenn sie alle Bücher, die neuartigen Anreiz zum Handeln bieten (und dazu gehören *alle* bisher erwähnten Arten von Büchern), von den Büchern trennen, die nur Entspannung bieten.« (KI 232 f.) Die Grenze zwischen Stimulierung und Entspannung wird für jeden anderswo liegen und selbst für jeden Einzelnen in unterschiedlichen Situationen wechseln – relativ zu seinen jeweils vordringlichen Interessen. Für viele Metaphysiker ist »das einzige private Vorhaben, das sie sich vorstellen können, das Streben nach Vergnügen« (KI 234), the pursuit of pleasure. Das Ästhetische wird von ihnen höchstenfalls als Inspirationsquelle angesehen. Sie haben deshalb durchweg wenig Verständnis für Autoren wie Vladimir Nabokov, die sich für soziale Ungerechtigkeit nicht interessieren. Die ironische Herangehensweise, wie Rorty sie versteht, soll den Zugang auch zu solchen Texten öffnen. Der politische Schriftsteller und der radikale Verfechter der ästhetischen Autonomie sind in seinen Kosmos gleichermaßen integrierbar: »Vladimir Nabokov und George Orwell hatten sehr unterschiedliche Begabungen, und ihr Selbstverständnis war sehr verschieden. Aber, das werde ich zu beweisen suchen, ihre Leistungen waren ziemlich gleich.« (KI 234)

Beide warnen vor der Verführung zur Grausamkeit, und beide schreiben im Spannungsfeld zwischen privaten Ironien und liberalen Hoffnungen. Die Engführung Orwell/Nabokov gelingt Rorty wohl auch deshalb, weil beide, obwohl sie in verschiedenen literarischen Welten lebten, politisch ungefähr das gleiche

Credo hatten, auf die gleichen äußeren Ereignisse reagierten und sich übrigens auch beide (erfolglos) freiwillig für den Kriegsdienst gegen die Nazis gemeldet haben. Auf Rortys minutiöse und brillante Interpretationen zu *Lolita*, *Pale Fire* und *1984* kann hier nicht eingegangen werden. Man muss sie selbst an den Texten nachvollziehen. Erwähnt werden sollte allerdings, weil dies in Deutschland zu wenig bekannt ist, dass George Orwell eine zentrale Rolle für die politische Bewusstseinsbildung der englischen und amerikanischen Intellektuellen gegenüber dem Stalinismus gespielt hat. In den dreißiger Jahren, den »purple decades«, gehörte man in London wie in New York zur linken Bewegung, man war »Inside the Movement«, wie Irving Howe das in *A Margin of Hope* so eindrucksvoll beschrieben hat. Orwell brach dann in den vierziger Jahren »die Macht, die eine ›bolschewistische Propaganda‹, wie Nabokov gern sagte, über das Denken der liberalen Intellektuellen in England und Amerika gehabt hatte. Damit verschaffte er uns einen Vorsprung von zwanzig Jahren vor unseren französischen Gesinnungsgenossen. Sie mußten bis zum Archipel Gulag warten [...].« (KI 276) Orwells zweite große Leistung bestand darin zu zeigen, dass Folter und Sadismus tatsächliche politische Möglichkeiten sind, und dies mit einer ganz untheoretischen Schlichtheit anschaulich zu machen.

Habermas hatte befürchtet, dass das philosophische Denken durch die Einebnung des Gattungsunterschieds zur Literatur »nicht nur seines Ernstes, sondern seiner Produktivität und Leistungsfähigkeit beraubt« wird.[76] Rorty muss sich nicht auf Orwell berufen, um entgegnen zu können: »Man müßte schon sehr verdreht sein, wollte man das eigene politische Verhalten deshalb ändern, weil man sich hat überzeugen lassen, daß zum Beispiel eine Kohärenztheorie der Wahrheit besser als eine Korrespondenztheorie sei.« (KI 295)

Rorty meint es politisch also ernst. Sein Literaturverständnis ist nicht das eines »reichen Ästheten«, sondern das eines sozialreformerisch und selbsterzieherisch eingestellten amerikanischen Pragmatisten der Dewey-Schule. Einer jener schlichten Grundbegriffe Orwells, an die Rorty sich anschließt, ist der des »anständigen Menschen«, des »decent man«. Rorty versucht, dieses Konzept unter dem nach dem Zusammenbruch des so genannten »proletarischen Internationalismus« üblich gewordenen Oberbegriff »Solidarität« zu explizieren. »Als die Deportationszüge nach Auschwitz fuhren, hatten Juden viel größere Aussichten, von ihren christlichen Nachbarn versteckt zu werden, wenn sie in Dänemark oder Italien lebten, als wenn sie in Belgien waren. Dieser Unterschied wird häufig so ausgedrückt, daß man sagt: Viele Dänen und Italiener bewiesen einen Sinn für Solidarität mit anderen Menschen, der vielen Belgiern abging.« (KI 305)

Traditionelle Philosophen können sich auf einen Kern des Selbst, ein Wesen des Menschen, eine übergeschichtliche und überinstitutionelle Verpflichtung zurückziehen, wenn es um das Handeln in solchen Situationen geht. Rorty, der auf all diese Instanzen verzichtet, muss einen anderen Weg suchen, um mit dem Auschwitz-Problem umzugehen. Seine Antwort ist: Solche Solidarität ist kontingent; aber auch dann kann sie das Handeln regulieren, auch dann kann sie es wert sein, dass man sein Leben für sie lässt (KI 306). Solidarität entspricht unserem Selbstbild. »Aus meiner Position folgt, daß Solidaritätsgefühle davon abhängen, welche Ähnlichkeiten und Unähnlichkeiten uns besonders auffallen, und daß der Grad der Auffälligkeit wiederum davon abhängt, was vom Scheinwerferkegel eines historisch kontingenten Letztvokabulars erfaßt wird.« (KI 309)

Er findet es deshalb überzeugender, Maßnahmen gegen das Elend und die unendliche Hoffnungslosigkeit des Lebens junger Schwarzer in den amerikanischen Großstädten damit zu begründen, es sei empörend, dass *Amerikaner* ohne Hoffnung lebten. Weniger überzeugend, glaubt er, ist es, sich aus dem Grund für sie zu engagieren, »weil sie einfach Mitmenschen sind«, denn unsere Solidaritätsgefühle sind dann am stärksten, »wenn die, mit denen wir uns solidarisch erklären, ›zu uns‹ gehören und ›wir‹ etwas enger begrenzt als die Menschheit ist« (KI 308). Damit schließt er es nicht aus, darauf zu drängen, dass zu diesem »wir« auch Menschen gezählt werden, die bisher noch zu den anderen, zu den »sie« gerechnet wurden. Das ist dann ein Fortschritt der Zivilisation, oder, wenn man so will, ein moralischer Fortschritt. Genaue Beschreibungen von Demütigungen, Schmerz und Unterdrückung in Romanen oder ethnographischen Berichten vermögen zu dieser Ausweitung des »wir« beizutragen. Sie sind deshalb in der Tat der wichtigste Beitrag moderner Intellektueller zum moralischen Fortschritt.

Aber: eine Vernunft als »Wesen des Menschen«, aus der die Solidarität folgen würde, gibt es nicht. Die traditionelle Lokalisierung einer »essentiellen Komponente der Menschlichkeit [...] hat dazu geführt, daß Moralphilosophen den Eindruck sophistischer Kasuistiker erwecken« (KI 314). Rorty versucht, solche Kasuistik durch Beispiele ad absurdum zu führen.

»Wir wissen, daß wir einen Mitmenschen nicht töten sollen, es sei denn in unserer offiziellen Funktion als Soldat, Henker, Abtreibungshelfer usw. Sind dann also diejenigen, die wir in solchen Funktionen *tatsächlich* töten – die Armeen des Tyrannen, der eine Invasion versucht, den Massenmörder, den Fötus – *nicht* menschlich? Na ja, sie sind es und sind es auch wieder nicht, je nachdem, in welchem Sinn man Menschlichkeit versteht – aber die Definition des einschlägigen Sinnes ist ein weitgehend scholastisches Unternehmen nach getaner Tat. Erst denken wir nach über die Gerechtigkeit des Krieges, die Berechtigung der Todesstrafe oder die Abtreibung und machen uns dann, in zweiter Linie, Gedanken über den ›Status‹ des Invasors oder des Mörders oder des Fötus. Wenn wir versuchen, die Reihenfolge umzukehren, finden wir, daß unsere Philosophen keine hinreichenden Bedingungen für Menschlichkeit oder Vernünftigkeit anbieten, die weniger umstritten wären als die ursprünglichen praktischen Fragen. Es sind die Details dieser ursprünglichen Fragen, die uns bei der Entscheidung helfen, was zu tun ist. Die umfassenden allgemeinen Prinzipien warten geduldig ab, was dabei herauskommt, und danach werden ihre entscheidenden Begriffe, den Ergebnissen entsprechend, neu definiert.« (KI 314)

Es kommt also mehr darauf an, die Ausweitung des Sinnes für Solidarität in Gang zu halten, als ein möglichst exakt ausdefiniertes Letztvokabular anzuwenden. Zu »uns« zählten nach und nach auch die Familie in der Nachbarhöhle, der Nachbarstamm oder gar die Ungläubigen jenseits des Meeres usw. (KI 316) »Wir sollten Ausschau halten nach marginalisierten Gruppen, die wir instinktiv noch immer unter ›sie‹ einordnen, nicht unter ›wir‹.« (KI 316) Falsch wäre es, solche Solidarität als etwas erkennen zu wollen, das »immer schon« besteht – sie muss vielmehr von uns in einem Prozess der Ausweitung der Solidaritätsgrenzen geschaffen werden.

Die Philosophie würde sich überschätzen, wollte sie behaupten, im Besitz eines verbindlichen Letztvokabulars zu sein und damit ein Tribunal einrichten zu können, vor dem sie alle Solidaritätsansprüche zu beurteilen oder zu richten in der Lage wäre. Sie kann im Dienst demokratischer Politik zu Neubeschreibungen beitragen und neue Einschätzungen befördern, »zum Beispiel, daß Frauen oder Schwangere mehr können, als weiße Männer gedacht hatten; daß Besitz nicht heilig, daß Sexualität eine Privatangelegenheit ist« (KI 317). Wir können dabei immer nur von unserem eigenen vorläufigen Letztvokabular ausgehen. »Es gibt keine *neutrale*, nicht-zirkuläre Weise, die liberale Behauptung zu verteidigen, daß Grausamkeit das Schlimmste ist, was wir tun;

es gibt aber auch keine neutrale Weise, Nietzsches Gegenbehauptung zu stützen, daß unsere Behauptung Ausdruck einer ressentimentgeladenen, sklavischen Haltung sei.« (KI 319)

Rorty vertritt also eine bestimmte Spielart des Ethnozentrismus, der von der eigenen Gruppe als Maßstab ausgeht: »Wir müssen da anfangen, wo *wir* sind.« (KI 319) Sein Ethnozentrismus ist ein gemäßigter. Das wird am besten deutlich, wenn man die Differenz betrachtet, die zwischen dem pragmatischen und dem faschistischen Ethnozentrismus besteht. Der Pragmatist würde sagen: »Wir geben zu, daß wir weder unsere Überzeugungen noch unsere Handlungen allen gegenüber rechtfertigen können, aber wir hoffen, eine Gesellschaft aus freien menschlichen Wesen schaffen zu können, die freiwillig einen guten Teil unserer Überzeugungen und Hoffnungen teilen.« Der Nazi würde sagen: »Wir haben nicht vor, uns vor den Augen der anderen zu rechtfertigen.« (Vgl. CE 571 f.)

Die gemäßigte Art von Ethnozentrismus ist deshalb berechtigt, weil sie von einer liberalen »Wir«-Gruppe ausgeht, die sich nicht der Ausrottung oder Vertreibung der anderen verschrieben hat, sondern »der Erschaffung eines immer größeren und bunteren ethnos« (KI 319). Wer sich diesem Traum überlässt, kann Liberaler und Ironiker gleichzeitig sein. Die Begrifflichkeit des »Wir« ist für Rorty grundlegend. Die Frage der Zugehörigkeit zu unterschiedlichen Gemeinschaften und der Konsequenzen daraus ist in der Philosophie und Gesellschaftstheorie vor allem von den amerikanischen Kommunitariern behandelt worden, auf die ich im folgenden Kapitel eingehen will.

9. Der Vorrang der Demokratie vor der Philosophie

»Bloß philosophische Fragen« können genauso behandelt werden, wie Thomas Jefferson es in seinen *Notes on Virginia* (1781) für die religiösen vorgeschlagen hatte: »Es schädigt mich [...] nicht, wenn mein Nachbar behauptet, es gebe zwanzig Götter oder gar keinen Gott. Das leert mir nicht die Taschen und bricht mir nicht das Bein.«[77] Praktische Fragen sind politische Fragen – hier kann handgreiflicher Schaden angerichtet werden. Der Pragmatismus, wie Rorty ihn auf John Dewey gestützt vertritt, behauptet, dass die liberale Demokratie der philosophischen Untermauerung nicht bedarf (wenn auch möglicherweise der philosophischen Artikulation). Dewey stellt die Politik an den Anfang »und stutzt die Philosophie dementsprechend zurück« (SO 87).

In der amerikanischen Philosophie hat sich in den achtziger Jahren eine Strömung herausgebildet, die »Kommunitarier« genannt wird. Dazu gehören Robert Bellah, der die einflussreiche Studie *Habits of the Heart. Individualism and Commitment in American Life* (1985)[78] geleitet hat, Alasdair MacIntyre (*Der Verlust der Tugend*, dt. 1986), der Hegelianer Charles Taylor (*Negative Freiheit. Zur Kritik des neuzeitlichen Individualismus*, 1985), Michael Sandel (*Liberalism and the Limits of Justice*, 1982) und auf dem linken Flügel Michael Walzer (*Spheres of Justice*, 1983).[79] Für alle diese Theoretiker ist eine deutliche Kritik des neuzeitlichen Individualismus sowie eine Kritik der darauf gegründeten liberalen Freiheitsrechte und Rechtsansprüche charakteristisch, wie sie etwa die Diskussionen der siebziger Jahre (zusammenfassend bei Ronald Dworkin, *Bürgerrechte ernstgenommen*)[80] geprägt haben. In der amerikanischen Philosophie der letzten Jahre hat sich eine Art Paradigmawechsel in Richtung auf die kommunitarischen Positionen hin vollzogen. Immer mehr setzt sich das Bewusstsein durch, dass die Gemeinschaft in irgendeiner Weise konstitutiv für das Ich sei.

Die Diskussion, wie sie vor allem von Michael Sandel in *Liberalismus und die Grenzen der Gerechtigkeit* geführt wird, ist eine auf John Rawls' *Theorie der Gerechtigkeit* (1971) konzentrierte Kritik.[81] Rawls war in den späten sechziger und frühen siebziger Jahren als der eigentliche Theoretiker der Verteilungsgerechtigkeit, des sozialen Ausgleichs, der individuellen Rechte und des zivilen Ungehorsams verstanden worden. Ist nun mit dem kommunitarischen Angriff seine wohlfahrtsstaatlich orientierte Gerechtigkeitskonzeption in Frage gestellt worden?

Die Konzeption des angegriffenen Rawls verteidigt Rorty in einer überraschenden Wendung, indem er zeigt, dass Rawls gar nicht dort ist, wo er angegriffen wurde: Er ist gar nicht der philosophische Begründer der Individualrechte, als der er kritisiert wird; weder vertritt er eine universalistisch ausgerichtete noch eine philosophisch begründete Gerechtigkeitskonzeption. Von Anfang an hatte er Philosophie *nicht* als Suche nach der Wahrheit, nach einer unabhängigen metaphysischen Ordnung verstanden. Gerechtigkeit ist für ihn relativ zur jeweiligen Situation (womit er Michael Walzer gewiss näher steht als Ronald Dworkin). Rawls vertritt in der Philosophie eine Toleranz, wie Jefferson sie für die Religion propagierte. Wir brauchen über das Wesen des Ich keine Festlegungen zu treffen, um zu politisch-moralischen Konsequenzen zu kommen.

Folgerichtig weist Rorty die Kritik des Rechtskommunitariers Michael Sandel, Rawls' Denken liege das falsche Selbstbild eines isolierten Ich zugrunde, zurück: Es kommt auf das Bild des Ich überhaupt nicht an. Die Kritik von Michael Sandel war aber insofern nützlich, als sie die frühere Fehllektüre der *Theorie der Gerechtigkeit* offenbar werden ließ. Vor allem im Spätwerk von John Rawls[82] wird deutlich, dass er sich weit weniger auf die kantianische Konstruktion der *Moralität* und weit häufiger auf die hegelianische, in einer historisch konkreten Situation verankerte Sittlichkeit bezieht. »Wenn er von einem archimedischen Punkt spricht, meint er keinen Punkt außerhalb der Geschichte, sondern schlicht eingefleischte soziale Gewohnheiten, die eine Menge Spielraum lassen für künftige freie Entscheidungen.« (SO 97) Rawls möchte Fragen über das Ziel menschlichen Lebens der privaten Entscheidung überlassen. Auseinandersetzungen über die Natur des Menschen, über die »wesentliche Identität« von Personen sollen unsere Gerechtigkeitsvorstellungen nicht beeinflussen.

Kommunitarier wie Alasdair MacIntyre haben den Vorwurf erhoben, unsere liberale Kultur werde vom reichen Ästheten, dem Manager und dem Therapeuten als den prägenden Sozialcharakteren bestimmt,[83] sie sei damit von den Tugendidealen abgekommen, die sie bei ihrer Entstehung propagiert hatte, und habe sich dadurch selbst widerlegt. Rorty hält dem entgegen: »Selbst wenn der typische Charakter der Menschen in liberalen Demokratien tatsächlich fade, berechnend, kleinlich und unheroisch sein sollte, kann die Vorherrschaft solcher Personen dennoch ein angemessener Preis sein für die politische Freiheit.« (SO 103) Es ist genauso unangemessen, demokratische Institutionen nach dem Menschentyp zu beurteilen, den sie hervorbringen, wie nach Maßgabe göttlicher Gebote. Man kann deshalb durchaus auskommen mit einem Modell des menschlichen Ich als »eines mittelpunktlosen Netzes« (SO 105), wie Rorty es vertritt. Die *Theorie der Gerechtigkeit* ist aber keineswegs angewiesen auf eine derartige (wiederum anthropologische) Festlegung. Sie ist genauso gut vereinbar mit einem komplexeren, philosophisch anspruchsvolleren Modell des Ich. Dies sollte nur für die praktischen Konsequenzen nicht ins Gewicht fallen. Rawls wie Rorty ziehen es in solchen Zusammenhängen bewusst vor, philosophisch »an der Oberfläche zu bleiben«: »Dazu, daß man sich moralisch festlegt, ist ja nicht erforderlich, daß man alles ernst nimmt, was die Mitbürger aus moralischen Gründen ernst nehmen.« (SO 108)

Die liberale Demokratie bedarf keiner philosophischen Orientierungen. Deshalb liegt die Kritik jener Kommunitarier falsch, die behaupten, die Demokratie beruhe auf fehlerhaften philosophischen Prämissen. Eine Wiederverzauberung der Welt, etwa MacIntyres Warten auf den Heiligen Benedikt am Ende von *Der Verlust der Tugend*[84], muss mit der kühlen Frage konfrontiert werden, ob die Entzauberung uns tatsächlich mehr Schaden als Nutzen gebracht hat. Die Antwort gibt Rorty ein weiteres Mal mit John Dewey:

> »Nach Dewey ist die gemeinschaftliche und öffentliche Entzauberung der Preis, den wir für die individuelle und private geistige Befreiung bezahlt haben, also die Art der Befreiung, die nach Emersons Auffassung für Amerika kennzeichnend ist. Dewey weiß ebensogut wie Weber, daß man dafür einen Preis bezahlen muß, doch er meint, es lohne sich. Er geht davon aus, keines der von früheren Gesellschaften erreichten Güter sei es wert, zurückerobert zu werden, wenn dies auf Kosten unserer Fähigkeit geschehe, die Menschen in Ruhe zu lassen und ihnen die Möglichkeit zu geben, ihre privaten Vollkommenheitsträume in Frieden auszuprobieren.« (SO 109)

Und das heißt eben, der amerikanischen Gewohnheit zu folgen, der Demokratie den Vorrang einzuräumen, wenn Philosophie und demokratische Politik miteinander in Konflikt geraten.[85] Philosophiegeschichtlich gesprochen wird damit zwar die sokratische Verpflichtung zur freien Diskussion akzeptiert, nicht aber der platonische Glaube an die Möglichkeit einer universellen Übereinstimmung (SO 104). Die Deutlichkeit dieses Bekenntnisses zum Amerikanismus lässt nichts zu wünschen übrig. Im Spektrum der sozialreformerischen Politikkonzeptionen in Amerika stehen sich die beiden Positionen von Michael Walzer und Ronald Dworkin diametral gegenüber.

Walzer: Eine gegebene Gesellschaft ist gerecht, wenn die Lebensweise den gemeinsamen Überzeugungen ihrer Mitglieder entspricht. *Dworkin*: Gerechtigkeit kann nicht der Konvention und der Anekdote überlassen werden, sondern muss aus Prinzipien begründet werden.

Rorty teilt die Position Michael Walzers. Loyalität einer Gesellschaft zu sich selbst ist Moralität genug, und sie bedarf keiner überhistorischen Abstützung. Die Gesellschaft braucht nur ihren eigenen guten Traditionen gegenüber verantwortlich zu sein, nicht auch gegenüber einem abstrakten Moralgesetz. Die Verpflichtung besteht also nur, insoweit man Mitglied »dieser Familie oder Gemeinschaft oder Nation oder dieses Volkes ist, als Träger dieser Geschichte, als Söhne und Töchter jener Revolution, als Bürger dieser Republik«[86]. Einer solchen kommunitarischen Auffassung schließt Rorty sich voll und ganz an. Nichts anderes kann irgendeine moralische Kraft entfalten. Zu Deweys Zeit war diese Haltung ein Gemeinplatz unter amerikanischen Intellektuellen – Dewey war so gesehen »ein Postmodernist vor seiner Zeit«[87]. Die Gewissheit, god's own country habe immer auf der Lichtseite der Geschichte gestanden, wurde in der Periode des Vietnamkriegs (nicht nur) bei den Intellektuellen erschüttert; und wenn die Philosophie in jenen Jahren in den USA eine Wende hin zum Prinzipiendenken vollzogen hat, war dies gewiss auch eine Reaktion darauf, also ein Versuch, nach dieser Erschütterung neuen festen (Theorie-)Boden unter die Füße zu bekommen. In Rortys Sicht war das ein Fehler, weil es langfristig zu einer Marginalisierung der Intellektuellen, zu ihrer Separierung vom Konsens des Landes geführt hat, statt diesen Konsens selbst zu verändern, was seiner Meinung nach die einzige Chance ist.

Hier steckt ein Grundproblem seines Denkens. Als er bei einer Wiener Podiumsdiskussion über die Grundlage der Moral von Karl-Otto Apel in die Enge getrieben worden war, zog sich Rorty auf die Position zurück: »It's just common sense, I am just an American.« Apel fragte zurück: »Kann ich einfach auch so sagen: I'm just a German?«[88] Im »Dritten Reich« war der deutsche Common sense ja das »gesunde Volksempfinden«. Rortys Modell ist deshalb zumindest nicht übertragbar, denn angesichts einer Tradition des Schreckens und der Grausamkeit bleibt nur der Weg, Begründungen zu suchen, die dem Überkommenen erst einmal skeptisch und fremd gegenüberstehen. Und auch in Amerika kann man im Grunde nur so lange auf Begründungen verzichten, als es mit der eigenen Gesellschaft gut geht und keine allzu großen Konflikte auftreten. Das ist gewiss der Grund, warum man John Rawls zur Zeit der Bürgerrechtsbewegung und der Diskussion um den Vietnamkrieg als Prinzipientheoretiker gelesen hat.

Zwei Punkte wird man allerdings zugunsten von Rorty festhalten müssen:

1. Seine Rawls-Interpretation ist überzeugend, Rawls geht in der Tat vom reflexiven Gleichgewicht unserer intuitiv geteilten Überzeugungen und nicht von abstrakten Prinzipien aus. 2. Die Letztbegründung, die Karl-Otto Apel für den philosophischen Diskurs vorschlägt, gilt nicht, wie er glaubt, wirklich absolut, sondern nur unter der Voraussetzung, dass sich die betroffenen Seiten auf eine Diskussion einlassen. Und das heißt, sie gilt nur für eine Kultur, die im Grundsatz schon bereit ist, Konflikten mit Mitteln der Argumentation zu begegnen.[89] Wenn das aber so ist, liegt Apels Begründungsdenken nicht sehr weit entfernt von Rortys Bekenntnis zu einer Kultur, in der man die Überredung der Gewalt vorzieht. Apel hat nur angesichts der Nazirhetorik des schneidenden Befehls größere Schwierigkeiten, argumentative und diskursive Momente in der spezifisch deutschen Tradition aufzufinden und nimmt sie deshalb lieber von außen, aus dem Reich des Transzendentalen.

Bei einem Traditionslinken und Habermas-Freund wie Richard Bernstein stoßen Rortys politische Konzepte auf entschiedene Ablehnung. Für ihn ist Rortys »ästhetisierter Pragmatismus« wenig mehr als eine Apologie der gegenwärtigen Zustände[90] Der klassische Pragmatismus habe deshalb einen Niedergang erlebt, weil er einige der wichtigsten philosophischen Unterscheidungen einfach als unbedeutend beiseite geschoben und sich dadurch der analytischen Werkzeuge beraubt habe, um wichtige Differenzen zumindest wahrzunehmen und dort zu erfassen, wo sie wirklich eine Rolle spielen.[91] Bernstein bezweifelt, dass es von Nutzen sein kann, wichtige Kontroversen lieber als »politische« statt als »philosophische« zu kennzeichnen.[92] Für ihn sind das fruchtlose Unterscheidungen, weil es in der demokratischen Politik letzten Endes auch um Argumente geht, nicht anders als in der Philosophie. Insbesondere ist ihm die in der Tat auffällige rhetorische Technik Rortys verdächtig, sich beinahe inflationär auf das »Wir« zu berufen.[93]

Rortys »Wir« unterscheidet sich radikal von Hegels »für uns« (das die ganze Gattung, die gesamte Menschheit meint). Rorty fügt in jedem einzelnen Fall hinzu, wen er genau in das jeweilige »Wir« einschließen möchte: »wir liberalen Intellektuellen«, »wir liberalen Demokraten«, »wir reichen nordamerikanischen Bürger«, »wir Philosophieprofessoren«, »wir Pragmatisten«, »wir wittgensteinianischen Nominalisten«, zuweilen auch »wir Europäer« oder »we fuzzies«.[94]

Diese Liste ist keineswegs vollständig, und die ironischen Facetten der verschiedenen Selbstcharakterisierungen muss man natürlich mitlesen. Rorty pflegt die Vorwürfe seiner Gegner (»Sie Besitzindividualist«, »Sie Bourgeoisliberaler«, »Sie Wirrkopf«) nicht direkt zurückzuweisen, sondern als Etikett zu übernehmen und lieber ausführlicher zu schildern, was z.B. ein nordamerikanischer Bourgeois sein könnte: eine vielseitig gebildete Idealfigur der kulturellen Konversation. Rortys Argumentationstechnik vermeidet, sich festzubeißen, sie spielt eher und unterläuft so das »labeling«, das glaubt, eine Position schon dann widerlegt zu haben, wenn man ihr ein bestimmtes hässliches Wort hat anhängen können.

Dieses »labeling« ist eine Krankheit, die seit den sechziger Jahren im euroamerikanischen philosophischen Diskurs grassiert. Sie ist nicht zufällig aufgetreten, sondern hat zwei Ursachen: Zum einen gehorcht sie einer Not, wenn versucht wird, die zunehmende Vielfalt und Unübersichtlichkeit der verschiedenen Positionen durch bestimmte Schlagworte und Typologien in ein griffiges Raster zu bringen. Als Orientierungsversuch ist ein solches Vorgehen gewiss legitim. Es verführt aber zu dem (entlastenden) Irrtum, einen Gedanken, den man irgendwie eingeordnet hat, damit auch schon erledigt zu haben: Es reicht fortan der Hinweis auf das Label. Den Autor selbst braucht man dann nicht mehr zu lesen und den kritisierten Gedanken nicht mehr selbst zu durchdenken. Auch wenn im ersten Moment solche Etikettierungen einleuchtend erscheinen, stellt sich nach kurzer Zeit aufgrund der vielfältigen Verkettungsmöglichkeiten von Gedanken und erst recht von Texten ein Unbehagen ein. Bei wiederholter Lektüre zeigt sich mit schöner Regelmäßigkeit, dass der Autor etwas ganz anderes gesagt hat.

Die zweite Ursache ist fast noch wichtiger: Sie liegt in der Neigung von Gesellschaftstheoretikern, die marxistisch oder von einer sozial ausgerichteten Psychoanalyse geprägt sind, einen Gedanken oder Autor auf das zu reduzieren, was sie »hinter« dem, was er sagt, aufzuspüren vermögen. Jemand gilt nach diesem Konzept als widerlegt, wenn man ihm nachweist, sein Denken trage »narzisstische« oder »besitzindividualistische« Züge, er sei »neokonservativ«, »revisionistisch« oder wiederhole nur eine bestimmte, schon von Lenin kritisierte Linksabweichung aus den zwanziger Jahren.

Der philosophische Diskurs verläuft *vor* solchen Klassifizierungen. Er fragt nicht: »Ist das ein Linksabweichler?« oder »Ist das ein Neokonservativer?«, sondern er stellt die schlichtere, aber sehr viel schwierigere und grundsätzlichere Frage: »Ist das richtig oder nicht?« Und wenn es tatsächlich »richtig« sein sollte, dann, in Gottes Namen, spricht nichts dagegen, das Etikett ironisch oder stolz mit sich herumzutragen. Nicht aufgeregte Empörung über beleidigende Unterstellungen, sondern mild lächelnde Ironie ist die angemessene Antwort. Damit wird eine solche Hermeneutik der Denunziation und Unterstellung ausgehebelt. Rortys Ironie ist ein hervorragend geeignetes Verfahren, um mit den argumentativen Tiefschlägen des Reduktionismus umzugehen und zugleich ein lehrreicher Fall, um zu erkennen, welche Fülle von Ironietechniken offen steht: »Wir reichen nordamerikanischen Bourgeois« ist in den Augen des traditionsmarxistischen Diskussionspartners eine groteske Überdrehung von Rortys Position, aber, eine gewisse spielerische Selbstdistanz abgerechnet, hat er damit genau das gesagt, was er für wünschenswert hält und was er auch über sich meint. Es ist wie bei Umberto Eco: Man kann heute nicht mehr schlicht »ich liebe dich« sagen, weil das kitschig wäre. Aber man kann diesen Satz ironisch aus einem Trivialroman zitieren, um das auszudrücken, was man wirklich meint.

Die liberale Rhetorik von John Dewey, Walter Lippmann und Ralf Dahrendorf ist oftmals so enervierend, weil es ihr an dieser Art von Ironie mangelt. Rorty ist der Ironiker unter den Gegenwartsphilosophen. In diesem Punkt der rhetorischen Tradition ist er ebenso romantisch wie postmodern.

Allerdings sollte man Rortys »Wir« selbst dekonstruktivistisch lesen. Die verschiedenen Wir-Mengen, die er bildet, haben nur eines gemeinsam: dass er selbst in ihnen allen vorkommt. Es ist sein eigenes Ich, das nach allen Seiten flüchtige und momentane Gesprächsgemeinschaften bildet. Manchmal klingen seine Appelle, als wolle er zu einer politischen Gemeinde predigen und sie durch das »Wir« rhetorisch zusammenfassen (»wir Sozialdemokraten«); die vielen anderen Verwendungen des »Wir« (»wir Wittgensteinianer«, »wir Nominalisten«, »wir Wirrköpfe«) zeigen aber, dass er genau das aufbricht. Rortys »Wir« ist als temporäre, spielerische Erweiterung seines »Ich« zu lesen. In Amerika kann es fast als Faustregel gelten: Wenn jemand »wir« sagt, meint er nur sich selbst. Sagt einer »Ich«, dann ist die Wahrscheinlichkeit schon größer, dass mehrere dahinterstehen.[95]

Die Benutzung des »Wir« ist seine vielleicht wesentlichste Differenz zu Foucault. Dieser hatte in seiner Antwort auf Rorty festgehalten:

»Ich beziehe mich auf kein ›wir‹, auf kein wir, dessen Konsens, dessen Werte, dessen Tradition den Rahmen eines Gedankens konstituieren und die Bedingungen definieren, in denen er überprüft werden kann. [...] Mir scheint, daß das ›wir‹ einer Frage nicht vorangehen darf; es kann nur das – notwendigerweise temporäre Resultat – einer Frage sein [...].«[96]

Rortys Replik auf solche kritischen Einwände verdient Aufmerksamkeit. Er möchte nicht den falschen Leuten helfen, insbesondere nicht den Neokonservativen. Deshalb war er ganz beruhigt, als er von der Rechten genauso viel Sperrfeuer bekam wie von der Linken. Andernfalls hätte er befürchten müssen, wie Gregor Samsa im Schlaf mutiert zu sein.[97] Er hält aber nichts von der »Ideologiekritik«, weil diese längst in eine Art von Selbstparodie verfallen ist. Er spottet über den »Leftspeak«, jenes schreckliche, pompöse Mischmasch aus Marx, Adorno, Derrida, Foucault und Lacan, das in Teilen der euroamerikanischen Intellektuellenszene en vogue ist.[98] Man muss dabei bedenken, dass in den USA (wie in Frankreich) Foucault, Lacan und Derrida zur intellektuellen Linken gerechnet wurden, während man sie in Deutschland eine Zeit lang eher des Neokonservatismus verdächtigt hat.

Rorty hält den »Leftspeak« für einen ziemlich idiotischen Jargon, in dem zwar die extravagantesten Äußerungen über westliche Demokratien möglich waren, niemals aber ein kritisches Wort über die Sowjetunion hatte gesagt werden können. Er knüpft hier an alte Grundsatzdebatten der amerikanischen Intellektuellen an, an das anti-stalinistische Engagement des alten John Dewey im Untersuchungsausschuss zur Ermordung Trotzkis oder an Sidney Hooks standhaften Sozialdemokratismus, auch als er längst als »kalter Krieger« diffamiert wurde. In Rortys Sicht ist marxistische Theorie nichts anderes als die antikisierende politische Philosophie von Leo Strauss – nur eine Übung in politischer Nostalgie – liebenswert, aber fruchtlos.[99]

Für Menschen, die ihrem Leben durch Einordnung in einen größeren Zusammenhang einen Sinn verleihen wollen, gibt es im Wesentlichen zwei Möglichkeiten: *Solidarität* oder *Objektivität*. Im ersten Fall erzählt man die Geschichte einer Gemeinschaft und des eigenen Beitrags dazu. Im zweiten Fall sucht man die Beziehung zu einer imaginären äußeren Realität. Mit dem Konzept der Solidarität integriert man sich in eine Gemeinschaft, mit dem Konzept der Objektivität entfernt man sich von den wirklichen Personen der eigenen Umgebung. Das deutlichste und berühmteste Objektivitätskonzept ist die ursprüngliche Verwendung des Begriffs der Wahrheit in der abendländischen Tradition.

Diejenigen, die die Solidarität auf die Objektivität gründen wollen, nennt Rorty »Realisten«, weil sie die Wahrheit als Übereinstimmung mit der Realität deuten. Dagegen stehen diejenigen, die auf Metaphysik und Erkenntnistheorie verzichten und die Objektivität auf die Solidarität zurückführen. Sie sind die *Pragmatisten*, die für Wahrheit das halten, was zu glauben für uns gut ist, wie die Formel von William James lautet. Objektivität wäre in diesem Kontext nicht der Wunsch, der eigenen Gemeinschaft zu entkommen, sondern der »nach möglichst weitgehender intersubjektiver Übereinstimmung« (SO 15). Aus Sicht der »Realisten« ist das ein Relativismus, nach dem ein Gedanke nicht mehr wert ist als ein anderer und es so viele Begriffe von »wahr« gibt, wie Rechtfertigungsverfahren möglich sind.

In Wirklichkeit vertreten die Pragmatisten aber eine ethnozentrische Auffassung – über Wahrheit lässt sich nicht viel mehr aussagen als das, was es in unserer Gesellschaft darüber zu sagen gibt. »Wahr« ist dann nur ein Ausdruck, der der Empfehlung dient, wie auch »gut« und ähnliche Wörter, die nicht kontextunabhängig zu bestimmen sind, sondern flexibel sind wie »ich«, »du«, »dort« und »hier«. (SO 15)

Diese theoretische Konzeption des Pragmatismus stimmt weitgehend, aber nicht vollständig mit dem überein, was Hilary Putnam in *Vernunft, Wahrheit und Geschichte*[100] die »internalistische Perspektive« genannt hat. Danach sind theoretische Aussagen nur sinnvoll im Gesamtrahmen einer Theorie. Unter Umständen kann es mehr als einen richtigen Rahmen, mehr als eine »wahre« Theorie oder Weltbeschreibung geben.

Nach Rorty neigt Hilary Putnam allerdings ungerechtfertigterweise zu sehr dazu, andere Autoren wie Thomas S. Kuhn und Paul Feyerabend als »Relativisten« zu brandmarken, während eine solche Kritik allenfalls »gegen ein paar unvorsichtige Stellen in einigen Frühschriften von Feyerabend« berechtigt sei (SO 18). Besonders einleuchtend an Putnams Denkansatz erscheint ihm seine Widerlegung der These von der kulturellen Inkommensurabilität, die in der Tat eine »phantasievolle Mischung aus Kulturrelativismus und ›Strukturalismus‹« ist.[101] Es kann zwar durchaus alternative Geometrien geben, die inkommensurabel sind, weil sie axiomatische Strukturen und einander widersprechende Axiome besitzen. Aber »Kulturen sind nicht so angelegt, und sie haben auch keine axiomatischen Strukturen« (SO 20). Hier gilt die Maxime des pragmatischen Denkens, die sich an solchen Stellen von Foucaults Machttheorie nicht sehr unterscheidet:

»Wenn man zu einer bestimmten Zeit an einem bestimmten Ort nicht an bestimmte Dinge glaubt, muß man es wahrscheinlich büßen. Doch die betreffenden institutionellen Stützen nehmen nicht die Form von ›Sprachregeln‹ oder ›Rationalitätskriterien‹ an, sondern haben die Gestalt von Beamten und Polizisten. Wer anderer Meinung ist, begeht den cartesischen Fehlschluß; er sieht Axiome, wo nichts weiter ist als gemeinschaftliche Gewohnheiten [...].« (SO 20f.)

Wenn man den wissenschaftlichen Forschungsprozess aus dieser Perspektive deutet, dann ist sein Fortschritt nicht mehr das Zustreben auf ein Menschheitsziel, sondern eher so etwas wie eine romantische Selbstschöpfung. Hier kommt Rorty Paul Feyerabends Idee der »Wissenschaft als Kunst«[102] sehr nahe.

10. Richard Rorty und die Philosophie in Amerika heute

Eine Zeit lang schien es, als habe Rorty sich durch seinen europäisch-kulturphilosophischen Ansatz und seine Kritik am Szientismus der analytischen Philosophie in den Philosophiedepartments der USA isoliert. Das hat sich radikal geändert, seit ein einstiger Doktorand Rortys, nämlich Robert Brandom, der explizit auf Hegel zurückzugreifen wagt, zum neuen Star der Philosophieszene avanciert ist. Rorty hat Recht behalten: Man kann auf den ausgefeilten Standards und Argumentationstechniken der Sprachanalyse aufbauen, ohne die ganze Philosophiegeschichte zu verwerfen und ohne in einen Dogmatismus zu geraten, der Inhalte durch leere Sprachbetrachtungen ersetzt. Die amerikanische Philosophie hat wieder reden gelernt. Wenn es überhaupt einen Fortschritt in der Philosophie gibt, dann besteht dieser nicht darin, Probleme gelöst zu haben, sondern vielmehr in der Verbesserung von Beschreibungen. Robert Brandom geht vor allem in einem wichtigen Punkt sogar über Rorty hinaus: an die Stelle von dessen Einbettung des Selbst in Erzählungen setzt Brandom den sozialperspektivischen Weg zur Objektivierung begrifflicher Gehalte. Sein schlussfolgerndes Begriffsdenken rekonstruiert die Objektivität begrifflicher Normen so, dass es bei ihnen um jene Dinge geht, in denen wir uns nicht nur einzeln, sondern alle gemeinsam irren können.[103]

Quines Spott, es gebe zwei Arten, an die Philosophie zu geraten: einmal aus Interesse für Philosophiegeschichte, zum anderen aus Interesse für Philosophie, war noch bis in die sechziger Jahre charakteristisch für den Zustand der Philosophie in den USA (CP 211). Szientistischer und positivistischer Geist gaben den Ton an, besonders nachdem sich die analytische Philosophie der großen Emigranten Carnap, Hempel, Feigl, Reichenbach, Bergmann und Tarski an den Philosophie-Departments durchgesetzt hatte. Philosophiegeschichte wurde in den Lehrplänen immer mehr reduziert, so dass heute schon aus Kenntnismangel Uraltprobleme immer wieder neu gelöst werden müssen. Mit dem Aufstieg der sprachanalytischen Philosophie, der sich in den USA etwa von 1950 bis 1965 vollzog, wurde die Philosophie zu dem, was Thomas S. Kuhn als »normale Wissenschaft« beschrieben hat.

Heute hat sich die Szene radikal verändert, und es gibt nicht mehr Konsens über die Probleme und Methoden der Philosophie als etwa im Deutschland um 1920 (CP 216). Dort hatte zu jener Zeit jeder Ordinarius sein eigenes, irgendwie neukantianisches System und brachte Studenten hervor, die die Probleme dieses Systems für die »Hauptprobleme der Philosophie« hielten. Dies etwa ist der Zustand zu Beginn der achtziger Jahre. Ungefähr die Hälfte aller Philosophieprofessoren in den USA gehört in irgendeiner Weise zur analytischen Richtung; aber es gibt weder ein interuniversitär akzeptiertes Paradigma philosophischer Arbeit noch eine akzeptierte Liste der zentralen Probleme. »Philosophen in den USA können nur darauf hoffen, daß sich Andy Warhols Versprechen erfüllt, daß jeder ein Superstar wird, jedenfalls für ungefähr fünfzehn Minuten.« (CP 216)

Das jedenfalls gilt für die traditionellen Hauptbereiche des Faches. In der Moral- und Sozialphilosophie sehen die Dinge schon seit längerer Zeit anders aus, weil hier John Rawls' *Theo-*

rie der Gerechtigkeit als genuines interuniversitäres Paradigma gilt, auf das auch die Gegner sich zu beziehen haben. Die Bedeutung und Dauerhaftigkeit dieses Buches wird von allen Seiten immer wieder hervorgehoben. Es ist ein Buch, das direkt aus den Quellen – Kant, John Stuart Mill und dem Utilitaristen Henry Sidgwick – schöpft und genausogut hätte geschrieben werden können, wenn der logische Positivismus und die ganze analytische Philosophie niemals existiert hätten. Es gibt einfach den neuesten Stand des linksliberalen sozialen Denkens wieder (CP 216).

Obwohl ihm dies bewusst ist, hält Rorty den analytischen Stil des Philosophierens für einen guten Stil. Er ist aus der positivistischen Phase in die post-positivistische Phase mit hinübergenommen worden. Allerdings hat sich das Bild des Philosophieprofessors gewandelt. Traditionell hielt man ihn für weise und für einen Kenner der Philosophiegeschichte. In Frankreich und Deutschland ist das zum Teil noch heute so. In den USA entsprach das Selbstbild der meisten Philosophen nach 1950 nicht mehr dem des Gelehrten, sondern dem des Naturwissenschaftlers. Im post-positivistischen Stadium zeichnet sich ein erneuter Wandel ab, dessen Ergebnis noch nicht klar zu übersehen ist. Möglicherweise wird aus dem Quasi-Naturwissenschaftler der *Anwalt*. »Die Fähigkeit, eine gute Zusammenfassung zu geben, oder ein vernichtendes Kreuzverhör durchzuführen, oder wichtige Präzedenzfälle zu finden, ist ziemlich genau das, was analytische Philosophen für spezifisch philosophisch halten.« (CP 221) Voller Ironie sagt Rorty wiederum genau das, was er meint.

Die Philosophen müssen die Rhetorik des Weisen, aber auch der wissenschaftlichen Sicherheit aufgeben, so dass ihnen nichts anderes übrig bleibt, als mit den Methoden des Anwalts an die demokratische Öffentlichkeit zu appellieren, ihnen weiterhin

Stellen und Gelder zu bewilligen (CP 222). Philosophieprofessoren tun damit nichts anderes als ihre Kollegen in den Departments für Literatur oder Geschichte.

Diese Einstellung ermöglicht es, sinnvoll mit der Frage umzugehen: »Wer soll Hegel lehren?« (oder Derrida, oder Foucault), d.h. all jene Autoren, die ein guter Positivist aus Gründen »intellektueller Hygiene« besser nicht zu lesen vorzieht. Die heutige Antwort wäre: Wer immer Lust hat, ihn zu lesen. Dies scheint wirklich ein Problem an amerikanischen Universitäten zu sein. »Ich habe es erlebt, daß analytische Philosophen wütend wurden über die Abteilung Vergleichende Literaturwissenschaft, weil sie sich durch die Lehre von Nietzsche und Derrida einen Übergriff auf philosophisches Terrain erlaubt hatte, und doppelt wütend wurden bei dem Vorschlag, daß sie diese Autoren ja genausogut selber lehren könnten.« (CP 225)

Amerikanische Philosophie zwischen den Weltkriegen war bestimmt von Prophetie, dem Anspruch auf moralische Führerschaft und einem engen Verhältnis zu den Sozialwissenschaften. Es war die heroische Phase von Deweys Pragmatismus. Nach dem Zweiten Weltkrieg setzte eine Periode der Professionalisierung ein, in der die Philosophen halbherzig versuchten, ihre Tätigkeit in Beziehung auf die Mathematik und die Naturwissenschaften zu definieren. In Wirklichkeit zogen sie sich jedoch zurück vom Rest der akademischen und kulturellen Welt. Sie bestanden auf der Autonomie der Philosophie und erklärten sie zu einer Art von technischem Gegenstand (CP 62). Rorty hat dagegen gehalten: Die Überprofessionalisierung der Philosophie hat dieses Feld nur verunstaltet. Es kommt darauf an, die kulturelle Seite und die Geschichte der Philosophie wieder in das Spiel der Erzählungen einzubringen.

Es ist bemerkenswert, dass die Behauptung, die Professionalisierung sei eine wichtige Errungenschaft der analytischen Philosophie, üblicherweise nicht direkt, also nicht mit dem Hinweis auf ihre glänzenden Resultate verteidigt wird, sondern indirekt, nämlich mit dem Hinweis auf das niedrige Niveau der argumentativen Strenge ihrer Gegner, also der Dewey-Anhänger und der nicht-angelsächsischen Philosophie. »Sogar Philosophen, die gerne aus ihrer professionellen Isolierung ausbrechen möchten, neigen dazu, darauf zu bestehen, daß ihr besonderer Beitrag im argumentativen Handwerkszeug besteht.« (CP 62) Diese Art von professionalisiertem Denken wird verloren gehen. Wenn Rorty von einer post-philosophischen Kultur spricht, meint er immer die Überwindung dieses szientistischen Selbstverständnisses. Die Philosophie mit Fundierungsansprüchen soll überwunden werden.

In einer post-philosophischen Kultur hätte keiner ein höheres Podest als der andere – Philosophen oder Priester, Physiker oder Dichter –, keiner würde für »rationaler«, »wissenschaftlicher« oder »tiefer« gehalten werden als andere. Kein bestimmter Teilbereich der Kultur würde ausgegliedert als einer, der dem Rest die Bedingungen und Ansprüche vorgibt. Auch in einer solchen Kultur gäbe es noch Heldenverehrung, aber sie wäre einfach die Bewunderung hervorragender Frauen und Männer, die besonders gut darin sind, die verschiedenen Dinge zu tun, die sie tun. Sie wären dann nicht Leute, die ein Geheimnis hüten oder die sich zur Wahrheit durchgearbeitet haben, sondern einfach Leute, die gut darin wären, menschlich zu sein. Den »Philosophen« als Platzanweiser für die verschiedenen Bereiche der Kultur würde es nicht mehr geben, sondern eher die Allzweckintellektuelle, die bereit wäre, über alles mögliche eine kompetente Ansicht zu offerieren.

Eine solche Haltung muss denen, die an platonische Fundamente des Denkens oder positivistische objektive Erkenntnis glauben, als dekadent erscheinen. Aber die Frage, ob eine solche post-philosophische Kultur wünschenswert wäre, kann umformuliert werden zu der Frage: Kann die Allgemeinheit der Sprache jemals wirklich ernst genommen werden? »Können wir uns selber sehen als niemals der Realität begegnend außer unter einer gewählten Beschreibung also, wie Nelson Goodman sagt, die Welten erzeugend, statt sie zu finden?«[104]

In der fundamentalphilophischen Kultur wird von den Nachwuchsintellektuellen erwartet, dass sie ganze Bibliotheken durchgelesen haben, um irgendwann einmal das Geheimnis der Dinge zu finden. In der post-philosophischen Kultur würde uns eine andere Hoffnung treiben, die Bibliotheken zu durchforsten und den vorgefundenen Büchern neue hinzuzufügen, womöglich, um unseren Nachkommen eine Art der Beschreibung über die Arten der Beschreibung anzubieten, denen wir begegnet sind. Rorty verwendet hier eine an Niklas Luhmann erinnernde Formel: Wir würden eine Beschreibung jener Beschreibungen liefern, die sich die Menschheit bisher hat einfallen lassen.[105]

Mehr wird das philosophische Denken nicht können. Es wird so etwas sein wie »Kulturkritik«. »Der moderne westliche Kulturkritiker fühlt sich frei, über alles Kommentare abzugeben.« (CP XL) Er schätzt die schnellen Übergänge von Hemingway zu Foucault, von Proust zu Marx oder zur gegenwärtigen Situation in Südafrika. Das Bild, das hier gezeichnet wird, ist das des romantischen Gesprächs, entspricht aber genauso Lyotards »Sveltezza«, jener Geschmeidigkeit und Geschwindigkeit oder Raschheit postmoderner Intellektualität.[106] Philosophie hat kein »Wesen« mehr – genauso wenig wie Literatur oder Politik. All diese Professionen sind das, was brillante Menschen aus ihnen machen (CP 62). Dagegen ist PHILOSOPHIE in Großbuchstaben das, was Philosophieprofessoren aus ihr machen (CP 220). Diese anti-professionelle Haltung hat Rorty bewogen, seine Stelle als *Stuart Professor of Philosophy* an der Princeton University aufzugeben. Princeton war immerhin eine der Heiligen Stätten der analytischen Schule. Seitdem hat er jede Berufung an ein Philosophiedepartment abgelehnt.[107] Da er zu allen internationalen Kongressen und zu den Tagungen der *American Philosophical Association* als Stargast eingeladen wird, steht er gewiss nicht in dem Maße außerhalb des akademischen Diskurses, wie das bei Schopenhauer, Kierkegaard, Nietzsche, Marx oder Sartre der Fall war. Er steht aber eindeutig jenseits einer zu engen pseudoprofessionalisierten Professorenphilosophie, die die Philosophiegeschichte aus dem Fachwissen vertreiben will. Rorty hält es allerdings nicht für erforderlich, als Retter der Geschichte aufzutreten, denn die Lektüre der großen Vergangenheitsphilosophen ist ja überhaupt nicht auf die Philosophie-Departments angewiesen: Sie wird in der Bildung präsent bleiben, solange es Bibliotheken gibt.

Solche Überlegungen werden am ehesten nachvollziehbar, wenn man sich klar macht, dass es in der Tat keinen gemeinsamen Standard gibt, nach dem man Dewey, Heidegger, Tarski, Carnap und Derrida daraufhin überprüfen könnte, ob sie »wirkliche Philosophen« sind. Philosophie ist immer auch der Diskurs, in dem auf dem Spiel steht, was sie selbst ist.[108] Die Nachkriegsentwicklung der analytischen Professionalisierung hatte zu einem erheblichen Desinteresse amerikanischer Fachphilosophen an moralischen und sozialen Fragen geführt. Kurse über Moralphilosophie waren geprägt vom überlegenen erkenntnistheoretischen Spott über das herrschende moralische Bewusstsein (CP 64). Metaethik war das einzige, was die analytische Philosophie zustande brachte. Die traditionellen Probleme waren damit zurückverwiesen an die Theologen (deren Moralzuständigkeit man noch heute bei jeder Podiumsdiskussion beobachten kann) und vor allem an die Welt der Literatur. In der Erziehung hat (in den USA mehr als bei uns) vor allem die Beschäftigung mit Literatur die Aufgabe übernommen, das Selbstbild und den Selbstdefinitionsprozess der intellektuellen Nachwuchsgeneration zu prägen. Die Charakterbildung findet durch Romane und Gedichte statt. Die Worte für die eigene moralische Sensitivität unterscheiden sich nicht wesentlich von denen, mit denen man sein literarisches Empfinden ausdrücken würde (CP 66).

Charakteristisch für diese Kultur ist die Interpretation, nicht die Verifikation (CP 64). Rorty bekennt, dass er eine gelegentliche Nostalgie empfindet für den milden Chauvinismus in Deweys Denken, der in der Überzeugung bestand, Amerika sei das Endziel der Geschichte, und es sei deshalb Aufgabe der amerikanischen Philosophie, den amerikanischen Geist zu beschreiben, der so einzigartig sei wie die Redwoods und die Klapperschlangen. Aber er schränkt gleich ein, dass es keinen Grund gibt, warum die Philosophie eines Landes – oder seine Intellektuellen – die gleichen Tugenden besitzen sollten wie die gesellschaftlichen Institutionen. Das, was das Versprechen der amerikanischen Demokratie ausmacht, muss ja keineswegs seine Erfüllung in Amerika selbst finden – genauso wenig, wie das Römische Recht seine Vollendung im römischen Weltreich gefunden hat oder die literarische Kultur der Antike in der Bibliothek von Alexandria. Rorty versucht seinen Amerikanismus durch Ironie abzumildern, es ist in erster Linie ein Amerikanismus der Idee nach, der Verfassungstheorie, nicht der Verfassungswirklichkeit.

Ich spreche von *Amerikanismus* und meine damit jene Grundhaltung, die man mit einem wunderschönen misreading John Lockes so umschreiben könnte: »Am Anfang der zivilisierten Welt war Amerika.«[109] In Deutschland, wo von allen europäischen Ländern die Vorbehalte gegen die amerikanische Zivilisation am stärksten sind (auch wenn sie selten die Ausmaße der

Ablehnung des Amerikanismus wie in einigen orientalischen Ländern erreichen), dürfte dieser Zug in Rortys Denken am schwersten nachvollziehbar sein. Für ihn ist die bewusste, allerdings kritisch reflektierte Einbindung in die amerikanische Denktradition entscheidend, denn nur so kann er den Fallen des Relativismus entkommen.

Das Amerikabild in Deutschland ist tatsächlich außerordentlich ambivalent. Das Sündenregister jener Kultur ist in unseren Augen lang. Sie sei oberflächlich, vulgär, heuchlerisch, habe die Indianer weitgehend ausgerottet, kleine Länder wie Vietnam brutal bombardiert, andere kleine Länder wie Grenada und Panama besetzt, vom Rassismus gar nicht zu reden – über den uns Deutschen ein Urteil ja am wenigsten zusteht. Es ist die schwierige Diskussion zwischen *Amerikanismus* und *Antiamerikanismus*, ob die eben aufgezählten oder die demokratischen Züge die wesentlichen sind. Europäische Intellektuelle, die über Amerika reflektieren, haben die unterschiedlichsten Lösungen dieses Problems gefunden. Hannah Arendt z.B. hat in ihrem Buch *Über die Revolution* die amerikanische Gründungsepoche verklärt und glorifiziert, um am Schluss zu einem durch die Verfassungsgeschichte nicht beglaubigten Pessimismus zu kommen.[110]

Rorty jedenfalls, der den Amerikanismus zwar im Kern seiner Theorie braucht, ihn aber am Rande gern ironisiert und mitunter auch »wir Europäer« sagt, stützt sich auf dessen emanzipatorische, soziale und demokratische Seite, die bei allem Besitzindividualismus, Reichtumszynismus und imperialen Denken bis heute zu den prägenden Zügen gehört.[111] Amerika ist ja immer auch die Tradition Deweys und der Bürgerrechtsbewegung, David Henry Thoreaus und des zivilen Ungehorsams. Dennoch ist in Europa kaum verstanden worden, dass Rorty, Michael Walzer und sehr viele andere amerikanische Linke den

Einmarsch in Afghanistan als Antwort auf den Anschlag vom 11. September 2001 für richtig gehalten haben. 2003 dagegen, im Falle Iraks, gab es auf der Linken nur noch wenige Befürworter, und diese haben, wie z.B. Christopher Hitchens, kurz darauf die Seiten gewechselt und sich nicht anders als viele frühere Trotzkisten zum »Neokonservatismus« bekannt. Rorty dagegen hat mit Argumenten, die am Schluss dieses Abschnitts dargestellt werden, eine kritische Position bezogen.

Rorty ist *der* Philosoph des Neopragmatismus im gegenwärtigen Denken. Er bezieht sich in erster Linie auf William James und Dewey, die beide heute vernachlässigt werden, weniger auf Charles Sanders Peirce (1839-1914). Peirce, der »Kant der amerikanischen Philosophie«, wie Karl-Otto Apel ihn genannt hat[112], war unter den Pragmatisten derjenige, der am meisten davon überzeugt war, die Philosophie habe die Aufgabe, von einem allumfassenden übergeschichtlichen Kontext aus jeder anderen Diskursart ihren Platz zuzuweisen. Genau hiergegen haben sich Dewey und James verwahrt. Peirce wird in Deutschland inzwischen intensiver studiert als in seiner Heimat, was uns den Blick auf die philosophiekritischen Elemente bei den übrigen Pragmatisten ein wenig zu verstellen droht. Deren Philosophiekritik erinnert in gewisser Weise an Nietzsche und Heidegger, ist aber aus dem Geist sozialer Hoffnung und positiver Identifikation mit der Gemeinschaft der säkularisierten Intellektuellen geschrieben. Vor diesem Hintergrund gibt Rorty drei Charakterisierungen des Pragmatismus:

> 1. Er ist die Theorie, nach der es kein besonderes Wesen der Wahrheit, Erkenntnis, Sprache, Moralität und der anderen abstrakten Gegenstände des Theoretisierens gibt. Nützliches über die Wahrheit kann man ihm zufolge eher mit dem Vokabular der Praxis als mit dem der Kontemplation sagen (CP 162).

2. Zweitens gibt es in pragmatischer Sicht keine erkenntnistheoretische Differenz zwischen einer Wahrheit über das Sein und das Sollen, irgendeine metaphysische Differenz zwischen Tatsachen und Werten oder eine metaethische Differenz zwischen Moralität und Wissenschaft. Die platonische Tradition hat versucht, Theorie an die Stelle der phronesis, der praktischen Klugheit zu setzen. Statt zu handeln bleiben Platoniker bei einer »Zuschauertheorie der Erkenntnis«, wie Dewey sagte, die auf dem Glauben an die Metapher des Sehens, der Übereinstimmung, des Abbildens oder der Repräsentation beruht. Diese philosophische Tradition, die den Idealisten des neunzehnten Jahrhunderts und den Szientisten des zwanzigsten Jahrhunderts gemeinsam ist, gilt es abzuschütteln.

3. Der dritten und abschließenden Charakterisierung des Pragmatismus zufolge ist dieser die Doktrin, dass es keine Beschränkungen der Forschung gibt außer solchen, die sich aus der Konversation ergeben, d.h. aus den Bemerkungen der Mitforscher.

Wir sind auf eine Gemeinschaft (community) angewiesen, und »unsere Identifikation mit unserer Gemeinschaft – unserer Gesellschaft, unserer politischen Tradition, unserem intellektuellen Erbe wird verstärkt, wenn wir diese Gemeinschaft als die unsere statt als eine naturgebundene ansehen, als geformt statt gefunden, eine unter vielen, die von Menschen geschaffen wurden« (CP 166).

Worauf es ankommt, ist die Loyalität zu unseren Mitmenschen. Mit diesem Konzept ist kein Diskurs vor dem anderen privilegiert, wohl aber die eigene Lebensgemeinschaft gegenüber anderen. In der Betonung der »Community« liegt die entscheidende Gemeinsamkeit Rortys mit der gegenwärtigen kommunitarischen Philosophie in Amerika, wie sie von Robert Bellah, Michael Walzer, Michael Sandel, Alasdair MacIntyre und anderen vertreten wird. Solches Denken ist keineswegs kulturrelativistisch, wie das gängige Missverständnis gegenüber Rorty lautet. Hier muss ich noch ein letztes Mal auf seine häufigen Auseinandersetzungen mit dem Relativismusvorwurf zurückkommen. Jetzt, wo wir über den philosophischen Diskurs in Amerika sprechen, lautet die Zurückweisung ein wenig anders: »›Relativismus‹ ist die Ansicht, daß jede Überzeugung zu einem bestimmten Punkt, oder vielleicht über jeden beliebigen Punkt, so gut wie jede andere ist. Niemand hat diese Ansicht.« (CP 166)[113] Der Vorwurf richtet sich gegen eine Strohpuppe, gegen einen fiktiv zurechtkonstruierten Gegenspieler, der immer verlieren soll. Wenn Philosophen als Relativisten kritisiert werden, dann solche, die den Entscheidungsgrund zwischen verschiedenen Meinungen für weniger algorithmisch halten als andere. Es geht also im Grunde um den Gegensatz zwischen denjenigen, die glauben, unsere Kultur, unsere Zwecke und Identifikationen könnten nur durch Konversation gestützt werden, und solchen, die auf stärkere, metaphysische Stützen hoffen. (CP 167) Das Diskursspiel zwischen diesen beiden Gruppen findet auf gleichem Boden statt: auf dem philosophischen, und es richtet sich deshalb eher gegen fiktive Opponenten als gegen Mitwirkende an einem gemeinsamen Projekt. Der dialektisch elegante Hinweis auf die Selbstwiderlegung des Relativismus verfängt nur gegenüber fiktiven Charakteren, kaum je gegenüber wirklich vertretenen Positionen. Das ist übrigens auch ein Grund, warum man in Diskussionen möglichst auf konstruierte Beispiele verzichten sollte: Sie leisten keinen Erkenntniswiderstand, und das, was sie belegen sollen, kann man dann auch gleich freihändig, ohne Beispiel, behaupten. Beispiele aus der Realität dagegen können immer Überraschungen enthalten und Neuinterpretationen ermöglichen.

James und Dewey waren metaphysische Relativisten in dem Sinne, dass sie keine Möglichkeit und keinen Sinn darin sahen, zwischen inkompatiblen philosophischen Theorien nach gemeinsamen Kriterien zu suchen. Diese Ebene ist für Rorty aber letztlich nicht so wichtig. Der Relativismus muss zurückgewiesen werden, wenn es um wirkliche, nicht bloß philosophische Theorien geht (CP 168). Man muss sich dann zu einer einigermaßen kohärenten Konzeption durcharbeiten – nicht aber zu einem letzten Grund, zu einer Fundierung. »Wenn wirklich jemand glauben würde, daß der Wert einer Theorie vom Wert ihrer philosophischen Grundlegung abhinge, dann müßte man in der Tat Zweifel haben an der Physik, oder der Demokratie, bis der Relativismus im Hinblick auf philosophische Theorien überwunden wäre. Glücklicherweise glaubt kaum jemand etwas von dieser Art.« (CP 168)

Ob Rorty auf diese Weise dem Relativismusvorwurf entkommen kann, bleibt letztlich zweifelhaft, weil er die eigene Kultur ausschließlich nach inneren Kriterien als die beste (für uns) erklärt. Schon im Alltagsleben findet jedoch eine ständige Berührung mit anderen Kulturen statt. Im Extremfall wird das nur deutlicher: Für den, der in einem orientalischen Land als Geisel festgehalten wird, ist es wenig beruhigend zu wissen, dass dies dort ortsüblich ist. Und es war in den staatssozialistischen Ländern zwar ortsüblich, dass man keine Zeitung und kein kritisches Buch über die Grenze mitnehmen durfte – aber es war nicht gerechtfertigt nach Standards, die die unseren sind und die wir in solchen Fällen für die universell gültigen erklären. Rortys Konzeption ist trotzdem hilfreich, weil sie realistisch erklärt, wie es wirklich läuft. Es dürfte wenig erfolgversprechend sein, die Tyrannen mit unseren universalistischen Argumenten überzeugen zu wollen. Im Gegenteil, sie neigen dazu, morgens Philosophie zu schreiben und nachmittags zu foltern, abwechselnd

Hölderlin zu lesen und Menschen in blutige Fetzen zu bomben (CP 171). Es ist eine der schwierigsten Abwägungsfragen, wie weit man diese Tyrannen gewähren lassen muss und ab wann das Recht oder sogar die Pflicht zum Eingreifen besteht, z.B. wenn sie Übergriffe auf »unsere« Bürger begehen oder andere Länder überfallen. Dann würden sie unter Druck gesetzt, erst mit wirtschaftlichen Sanktionen, und wenn das nicht hilft, mit offener Gewalt. Das könnte beispielsweise der reale Ablauf sein. Aber ist damit wirklich gleiches Recht auf beiden Seiten? Ist es nicht doch mehr als bloße metaphysische Bequemlichkeit, wenn es möglich ist, mit universalistischen Argumenten den größten Teil der übrigen Länder gegen einen Aggressor auf die eigene Seite zu bringen – so wie es beispielsweise England nach anfänglichen Schwierigkeiten geschafft hat, eine Anti-Hitler-Allianz zusammenzubringen?

Rortys ethnozentrische Position ist gegenüber solchen Ernstfällen etwas zu vage, zu nonchalant, und berücksichtigt vor allem nicht die Kritik an der liberalen Politik und Ideologie, die immerhin, wenn man der Rhetorik der UNO-Vollversammlungen folgt, zum festen Bestandteil des internationalen Diskurses gehört.[114]

Einen entscheidenden Schritt über Rorty hinaus, wenn auch durchaus in der gleichen Richtung, geht Michael Walzer in seiner politischen Philosophie, die ich trotz aller politischen Überlegungen Rortys für weiter ausgearbeitet und intensiver durchdacht halte. Selbst im Bereich des internationalen Rechts und sogar der international verbreiteten moralischen Überzeugungen gibt es Gemeinsamkeiten, an die man anknüpfen kann: Das ist Walzers Hauptthese. Und man kann jederzeit auf Widersprüche und Heuchelei hinweisen – die immer noch »gängigste und vielleicht auch die wichtigste Form der Moralkritik«[115].

Jene Haltung, die im internationalen Recht nur das reine Machtspiel von Staaten zu erkennen bereit und in der Lage ist, operiert mit einer künstlichen Konstruktion: einer scheinaufklärerischen Position, die einen Mangel des internationalen Rechts – nämlich die Inexistenz einer wirksamen, mit Sanktionsgewalt ausgestatteten übergeordneten Instanz – aufbauscht bis zur Leugnung der Existenz von Rechtsnormen und dadurch nur einer rücksichtslosen Machtpolitik die Ideologie liefert. Der deutsche »Machtrealismus«, der die politische Theorie und die Staatsrechtsdiskussion bis weit in die fünfziger Jahre hinein bestimmt hat, ist ein abschreckendes Beispiel. In beiden Weltkriegen haben sich die deutschen Machtrealisten über das »perfide Moralisieren« der englischen und amerikanischen Politik empört – aber mit dieser Empörung weltweit nur wenige Freunde und Mitstreiter gewinnen können, während das »Moralisieren« größtenteils (d.h. unter Abzug des immer auch vorhandenen Anteils an Heuchelei) zu Recht überzeugender wirkte.

Rortys offener Ethnozentrismus bedeutet keine ideologische Fixierung auf die nordatlantische Kultur, wie sie heute ist, sondern gerade die Bereitschaft zur Erweiterung der Wahrnehmung, zur Sensibilisierung gegenüber immer neuen Arten von Benachteiligung und neuer Gruppen von entrechteten und gedemütigten Menschen. Diese Art von Sensibilität wird auf dem Weg über literarische Zivilisierung und Ausdifferenzierung des Bewusstseins angestrebt. Den Kampf gegen den Terror hat er außerordentlich besorgt kommentiert: »Der weit verbreitete Verdacht, der Krieg gegen den Terror sei potentiell gefährlicher als der Terrorismus selbst, scheint mir vollkommen gerechtfertigt.«[116] Er fürchtet, dass eine außenpolitische Elite unter dem Deckmantel angeblich erforderlicher Geheimhaltung eine Art von aufgeklärtem Absolutismus einführt: ohne hinreichende öffentliche Diskussion, ohne hinreichende Information über die einzelnen

Schritte der Auseinandersetzung mit dem Terrorismus wird die Öffentlichkeit entmündigt und übergangen. Die öffentliche Begründungspflicht für die einzelnen Schritte dagegen würde jene Exzesse der Selbstverteidigung wie in Guantanamo und Abu Ghraib vermeiden und verhindern können. Hier bringt Rorty den Öffentlichkeitsanspruch aufklärerischen Denkens ins Spiel: ganz in der Tradition Voltaires und Kants. Die Staatsräson und der Staatsnotstand werden nicht als Rechtfertigung für den Ausschluss der Öffentlichkeit akzeptiert, weil auf diese Weise die Gefahr besteht, dass die eigenen Werte, um deren Verteidigung es doch ging, dabei aufs Spiel gesetzt werden.

Rorty argumentiert auch hier nicht universalistisch, sondern von den Wertvorstellungen der amerikanischen Gesellschaft aus. Wie Foucault stellt er universalistische Begründungsansprüche in Frage. Im Grunde aber zeigt sich, dass beim praktischen Aufeinandertreffen verschiedener »communities« doch wieder an universelle Vorstellungen appelliert werden muss, um zwischen ihnen gewaltfrei kommunizieren zu können. Es gibt dann für diese Vorstellungen keine zwingenden Gründe; es gibt nicht einmal zwingende Gründe dafür, dass es überhaupt Gemeinsamkeiten geben muss. All das unterliegt einem, wie Kant sagen würde, hypothetischen Imperativ: Wenn wir die Kommunikation dem Totschlag vorziehen, dann müssen wir nach gemeinsamen Vorstellungen suchen. Wenn wir Überredung statt Gewalt wollen, brauchen wir eine gemeinsame Sprache. Welche einzelnen Ideen sich aber für die erweiterte Gemeinschaft eignen und welche nicht, das ist nicht inhaltlich, nicht an Werten festzumachen. Sie müssen lediglich eine »formale« Bedingung erfüllen, sie müssen sich zur Gemeinsamkeit eignen, also verallgemeinerbar sein. Am Verallgemeinerungsprinzip in der Ethik kommt aus pragmatischen Gründen der weltweiten Kommunikation weder Rorty noch irgendjemand sonst vorbei.

Sein Ethnozentrismus ist, wenn man diesen pragmatischen Imperativ der Verständigung berücksichtigt, gar nicht so weit von der Position des Universalisten Kant entfernt, der als politischer Theoretiker davon überzeugt war, dass es unser Weltteil sein werde, »der wahrscheinlicherweise allen anderen dereinst Gesetze geben wird«[117]. Rortys Denken ist in dieser Frage trotz aller partikularistischen Rhetorik von einem unausgesprochenen, einem heimlichen Universalismus geprägt. Er tritt überall dort zu Tage, wo er eine Tradition vertritt, die die Menschenrechte zu ihrem eigenen Kernbestand rechnet.

Anhang

Anmerkungen

1 In den USA ist es durchaus erwünscht, wenn ein Professor nach seiner Emeritierung weiterzumachen bereit ist. Hans-Ulrich Gumbrecht hat Rorty nach Stanford eingeladen.

2 Richard Rorty, »Pragmatism without method«, in: Paul Kurtz (Hg.), *Sidney Hook. Philosopher of Democracy and Humanism*, 1987, S. 267.

3 LT 9, Anm. 10. Gustav Bergmann gehörte wie Carnap, Hempel, Feigl, Reichenbach und Tarski zu den deutschen Emigranten. Rorty verweist auf Bergmann, *Logic and Reality*, Madison: The University of Wisconsin Press, 1964, S. 177, wo er die Prägung »Linguistic Turn« erstmals gefunden habe.

4 Ludwig Wittgenstein, *Philosophische Untersuchungen*, in: ders., Werkausgabe in 8 Bänden, Bd. 1, S. 300 (Nr. 116).

5 Wilfrid Sellars, »Philosophy and the Scientific Image of Man«, in: ders., *Science, Perception and Reality*, London 1967, S. 1.

6 Ludwig Wittgenstein, *Philosophische Untersuchungen*, in: ders., Werkausgabe in 8 Bänden, Bd. 1, Frankfurt/M. 1984, S. 300 (Nr. 115).

7 Vgl. Karl-Otto Apel, »Wittgenstein und Heidegger: Die Frage nach dem Sinn von Sein und der Sinnlosigkeitsverdacht gegen alle Metaphysik«, in: ders., *Transformation der Philosophie*, Bd. 1, Frankfurt/M. 1976, S. 225-275, und ders., »Von Kant zu Peirce: Die semiotische Transformation der Transzendentalen Logik«, in: *Transformation der Philosophie*, Bd. 2, Frankfurt/M. 1976, S. 157-177.

8 John Dewey, *The Quest for Certainty*, New York 1960, S. 23, zit. nach SN 51.

9 Friedrich Nietzsche, *Über Wahrheit und Lüge im außermoralischen Sinne*, in: Sämtliche Werke, Kritische Studienausgabe, Colli/Montinari (Hgg.), Bd. 1, München 1980, S. 880. Vgl. dazu ausführlicher Kapitel 6 des vorliegenden Buches.

10 Vgl. dazu die Überlegungen von Heiner Hastedt, *Das Leib-Seele-Problem*, Frankfurt/M. 1988, S. 12, S. 57ff.

11 Ebd., S. 12.

12 Vgl. Jürgen Habermas, *Nachmetaphysisches Denken. Philosophische Aufsätze*, Frankfurt/M. 1988, bes. S. 162.

13 Jaegwon Kim, »Materialism and the Criteria of the Mental«, in: Synthese, Jg. 22, 1971, S. 336, zit. nach SN 83.

14 Fritz Mauthner, *Wörterbuch der Philosophie*, Bd. 1, 5. Aufl. Leipzig 1907, S. 446, vgl. auch SN 153.

15 Thomas Hobbes, *Elemente der Philosophie.* Erste Abteilung. Der Körper, Hamburg 1997, S. 16 (De Corpore I, 1.2). Ich folge der sehr viel gelungeneren Übersetzung in SN 149.

16 Zit. nach SN 154.

17 Immanuel Kant, *Kritik der reinen Vernunft*, B XVI, Raymund Schmidt (Hg.), Hamburg 1956, S. 19f.

18 Richard Rorty, »The historiography of philosophy: four genres«, in: R. Rorty/J.B. Schneewind/Quentin Skinner (Hgg.), *Philosophy in History*, Cambridge 1984, S. 61.

19 Ebd., S. 62.

20 Clarence Irving Lewis, *Mind and the World Order*, 2. Aufl. New York 1956, S. 38, zit. nach SN 168.

21 George Pitcher, *A Theory of Perception*, S. 23, zit. nach SN 175.

22 G.W.F. Hegel, *Werke in 20 Bänden*, Moldenhauer/Michel (Hgg.), Frankfurt/M. 1970 ff., Bd. 18, S. 409f., S. 420.

23 Friedrich Nietzsche, *Kritische Studienausgabe*, Colli/Montinari (Hgg.), Bd. 14, S. 293.

24 Martin Heidegger, *Vorträge und Aufsätze*, 5. Aufl. Pfullingen 1985, S. 69.

25 Harold Bloom, *A Map of Misreading*, New York 1975, S. 69, zit. nach SN 188.

26 Wilfrid Sellars, *Science, Perception and Reality*, London und New York 1963, S. 170, zit. nach SN 202.

27 Vgl. Quine, *From a logical point of view*, Cambridge/Mass. 1953, S. 42.

28 Wittgenstein, *Philosophische Untersuchungen*, Nr. 127, Werkausgabe Bd. 1, Frankfurt 1984, S. 303.

29 Hilary Putnam, *Minds and Machines*, Philosophical Papers, Bd. 2, Cambridge 1975, S. 384f., vgl. SN 280.

30 SN 290, 346f. vgl. Michael Oakeshott, »Die Stimme der Kunst im Gespräch der Menschheit«, in: ders., *Rationalismus in der Politik*, Neuwied und Berlin 1967, S. 207-256.

31 Jürgen Habermas, »Der Universalitätsanspruch der Hermeneutik«, in: *Hermeneutik und Ideologiekritik*, Frankfurt/M. 1971, S. 120-159.
32 Jean-François Lyotard, *Der Widerstreit*, München 1987, S. 13, 110, 167.
33 Hans-Georg Gadamer, *Wahrheit und Methode*. Grundzüge einer philosophischen Hermeneutik, 3. Aufl. Tübingen 1972, S. XXIX, vgl. SN 388.
34 Frankfurt/M. 1975.
35 Jean-Paul Sartre, *Das Sein und das Nichts*, Reinbek 1974, Teil II, Kapitel 3, Abschn. 5, sowie die Schlussfolgerungen des Buches, vgl. SN 391.
36 Hans-Georg Gadamer, *Wahrheit und Methode*, a.a.O., S. 8.
37 Vgl. Christoph Menke-Eggers, »Relativismus und Partikularisierung. Zu einigen Überlegungen bei Rorty«, in: Philosophische Rundschau, 36. Jg., 1989, Nr. 1/2, S. 26-40, sowie Rorty, Postmodernist Bourgeois Liberalism, in: The Journal of Philosophy, Bd. 80, 1983, S. 586, S. 589.
38 Immanuel Kant, *Kritik der reinen Vernunft*, B XXX.
39 Wayne Hudson/Willem van Reijen, »An Interview with Richard Rorty«, in: Radical Philosophy, Nr. 32, 1982, S. 2.
40 Richard Rorty, Dekonstruieren und Ausweichen, in: ders., *Eine Kultur ohne Zentrum. Vier philosophische Essays*, Stuttgart 1991, S. 134.
41 vgl. Moshe Decter/James Rorty, *McCarthy and the Communists*, Boston 1954.
42 Irving Howe, *A Margin of Hope. An Intellectual Autobiography*, San Diego/New York/London 1982. Die Prägung ›trotzkistisch-eliotistische Kultur‹ stammt von dem Kunsthistoriker T.J. Clark – gemeint sind die New Yorker Intellektuellen von 1930 bis in die fünfziger Jahre. Vgl. Rory Ryan, Interview with Richard Rorty, Journal of Literary Studies, Nr. 2, Nov. 1986, S. 9-13.
43 1784, in: Johann Georg Hamann, *Schriften zur Sprache*, Frankfurt/M. 1967, S. 219-228.
44 Jürgen Habermas, *Der philosophische Diskurs der Moderne*, Frankfurt/M. 1985, S. 221.
45 Vgl. zu seiner eigenen Einschätzung dieser Wendung: Richard Rorty, »Deconstruction and Circumvention«, in: Critical Inquiry, Vol. 11, 1984, S. 1-23, hier S. 23, Anm. 17; zu Rortys Derrida-Interpretation

weiter: Rick Roderick, »Reading Derrida Politically (Contra Rorty)«, in: Praxis International, 6. Jg., 1987, H. 4, S. 442-449 und Christopher Norris, *The Contest of Faculties*, London u. New York 1985, S. 165f.

46 Hans Blumenberg, *Die Lesbarkeit der Welt*, 2. Aufl. Frankfurt/M. 1983.

47 Jacques Derrida, *Grammatologie*, Frankfurt/M. 1983, S. 274, *De la Grammatologie*, Paris: Editions de Minuit, 1967, S. 142. In der deutschen Übersetzung steht: »Ein Text-Äußeres gibt es nicht.« Ich habe mich für die andere Formel entschieden, weil sie Rortys Derrida-Lektüre besser entspricht.

48 Richard Rorty, »Philosophy as a Kind of Writing: An Essay on Derrida«, in: CP S. 90-109.

49 Rodolphe Gasché, *The Tain of the Mirror: Derrida and the Philosophy of Reflection*, Cambridge/Mass. 1986; das wohl wichtigste Buch über den frühen Derrida und Jonathan Culler, *Dekonstruktion*, Reinbek 1988 (die Derrida-Deutung, auf die Habermas sich im Wesentlichen stützt).

50 Habermas, a.a.O., S. 246.

51 Interviewäußerung von Rorty, in: Richard Rorty/Derek Nystrom/Kent Puckett, *Against Bosses, against Oligarchies*, Chicago 2002, S. 56.

52 Richard Rorty, »Postmodernist Bourgeois Liberalism«, in: The Journal of Philosophy, Bd. 80, 1983, S. 583-589.

53 Bloomington 1980.

54 Spinoza, *Die Ethik*, Hamburg 1967 u.ö., Teil IV, Def. 3, S. 190.

55 Niklas Luhmann, *Soziale Systeme. Grundriß einer allgemeinen Theorie*, Frankfurt/M. 1985, S. 152.

56 Vgl. dazu Donald Davidson, »The Structure and Content of Truth«, in: The Journal of Philosophy, Vol. 87, 1990, H. 6, S. 279-328.

57 Friedrich Nietzsche, *Über Wahrheit und Lüge im außermoralischen Sinne*, Kritische Studienausgabe, Colli/Montinari (Hgg.), Bd. 1, München 1980, S. 880f.

58 Harold Bloom, *Kabbala. Poesie und Kritik*, Basel und Frankfurt/M. 1989, S. 95.

59 Ebd., S. 105.

60 Ebd., S. 106.

61 Ebd., S. 120 (Übersetzung leicht verändert).

62 Harold Bloom, *Agon*, Oxford 1982, S. 43 f.; vgl. KI 63.

63 Ebd., S.23, vgl. KI 78.

64 Isaiah Berlin, *Four Essays on Liberty*, Oxford University Press 1969, S. 172, vgl. KI 87. Vgl. das Schumpeter-Zitat, dessen Quelle weder Berlin noch Rorty nachgewiesen haben, in: Joseph A. Schumpeter, *Kapitalismus, Sozialismus und Demokratie*, 5. Aufl. München 1980 (zuerst New York 1942), S. 385.

65 Ebd., S. 172.

66 Donald Davidson, »Paradoxes on Irrationality«, in: Richard Wollheim/James Hopkins (Hgg.), *Philosophical Essays on Freud*, Cambridge/Mass. 1982, S. 305, KI 92.

67 Vgl. im englischen Text von *Contigency, Irony, and Solidarity*, S. 53.

68 Jean-François Lyotard, *Grabmal des Intellektuellen*, Graz und Wien 1985.

69 Immanuel Kant, *Kritik der Urteilskraft*, Theorie-Werkausgabe, Frankfurt/M. 1974, § 8, B 25, § 21, 22, B 67-69.

70 4. Aufl. Frankfurt/M. 1983, vgl. Hudson/van Reijen, »An Interview with Richard Rorty«, in: Radical Philosophy, Nr. 32, 1982, S. 3.

71 Vgl. Judith Shklar, *Ordinary Vices*, Cambridge/Mass. 1984, bes. S. 6, S. 235, S. 239.

72 Richard Rorty, »Deconstruction and Circumvention«, in: Critical Inquiry, Vol. II, 1984, S. 21, Anm. 4.

73 Vgl. dazu N. Thulstrup, *Kierkegaards Verhältnis zu Hegel*, 1970; Dolf Sternberger, »Absage an die Adresse Hegels«, in: ders., *Heinrich Heine und die Abschaffung der Sünde*, Frankfurt/M. 1976; Wolfgang Harich, Heinrich Heine und das »Schulgeheimnis der deutschen Philosophie«, Sinn und Form, 8. Jg., 1956.

74 Vgl. dazu Walter Reese-Schäfer, Jürgen Habermas, Frankfurt/M. [3]2001.

75 André Glucksmann, *La force du vertige*, Paris 1983; deutsch: *Philosophie der Abschreckung*, Stuttgart 1984, darin die Kapitel »Radikalität und Schwindel« sowie »Die Proust-Apokalypse«.

76 Jürgen Habermas, *Der philosophische Diskurs der Moderne*, Frankfurt/M. 1985, S. 246.

77 Thomas Jefferson, *Betrachtungen über den Staat Virginia*, hrsg. von Hartmut Wasser, Zürich 1989, S. 331.

78 Berkeley 1985.

79 Vgl. dazu Rortys Aufsatz »Der Vorrang der Demokratie vor der Philosophie«, in: SO, S. 82-125.

80 Frankfurt/M. 1984, zuerst Harvard University Press 1978.

81 Frankfurt/M. 1979, zuerst Harvard University Press 1971.

82 John Rawls, »The Idea of an Overlapping Consensus«, in: Oxford Journal of legal studies, Vol. 7, 1987, Nr. 1, S. 1-27; ders., »Kantian Constructivism in Moral Theory«, in: The Journal of Philosophy, Vol. LXXVII, Nr. 9, Sept. 1980, S. 515-573; ders., »Justice as Fairness: Political not Metaphysical«, in: Philosophy and Public Affairs, Vol. 14, 1985, S. 219-251. Vor allem: ders., *Gerechtigkeit als Fairneß. Ein Neuentwurf*, Frankfurt/M. 2003.

83 Alasdair MacIntyre, *Der Verlust der Tugend*, Frankfurt/M. und New York 1987, S. 50.

84 Ebd., S. 350.

85 Vgl. Benjamin Barber, *The Conquest of Politics. Liberal Philosophy in Democratic Times*, Princeton 1988.

86 Michael Sandel, *Liberalism and the Limits of Justice*, Cambridge/Mass. 1982, S. 179.

87 Richard Rorty, »Postmodernist Bourgeois Liberalism«, in: The Journal of Philosophy, Vol. 80, 1983, S. 583-589, hier S. 588.

88 Karl-Otto Apel, *Diskurs und Verantwortung. Das Problem des Übergangs zur postkonventionellen Moral*, Frankfurt/M. 1988, S. 409; vgl. dazu Walter Reese-Schäfer, Karl-Otto Apel zur Einführung, Hamburg 1990, S. 38-43.

89 Ebd., S. 43-74, S. 125-133.

90 Richard J. Bernstein, »One Step Forward, Two Steps Backward. Richard Rorty on Liberal Democracy and Philosophy«, in: Political Theory, Vol. 15, Nr. 4, 1987, S. 538-563, hier S. 541.

91 Ebd., S. 543.

92 Ebd., S. 547.

93 Ebd., S. 550; vgl. auch Rebecca Comay, »Interrupting the Conversation: Notes on Rorty«, in: Telos 69, Fall 1986, S.119-130, hier S. 120f.

94 Vgl. u.a. HL 173, CP 189; »Postmodernist Bourgeois Liberalism« (vgl. Anm. 52), S. 588; Richard Rorty, »Science as Solidarity«, in: John S. Nelson/Allan Megill/Donald N. McCloskey, *The Rhetoric of the Human Sciences*, Madison 1987, S. 41.

95 Diese Faustregel verdanke ich Benjamin Barber.

96 Zit. nach Michel Foucault, »Polemics, Politics and Problematization. An Interview«, in: The Foucault Reader, Paul Rabinow (Hg.), New York: Pantheon 1984, S. 385; vgl. Richard Bernstein, One Step, S. 554.

97 Richard Rorty, »Thugs and Theorists. A Reply to Bernstein«, in: Political Theory, Vol. 15, Nr. 4, 1987, S. 564-580, hier S. 565 ff., bes. S. 575.

98 Ebd., S. 570.

99 Ebd., S. 570 f.

100 Frankfurt/M. 1982, S. 75 ff.

101 Ebd., S. 11.

102 Frankfurt/M. 1984.

103 Robert Brandom, *Expressive Vernunft. Begründung, Repräsentation und diskursive Festlegung*, Frankfurt/M. 2000, S. 692, sowie das gesamte Kapitel 8. Rorty selbst hat sich mit Brandom auseinander gesetzt in dem Aufsatz »Robert Brandom on Social Practices and Representations«, in: ders., *Truth and Progress.* Philosophical Papers Vol. 3, Cambridge und New York 1998, S. 122-137. Eine sehr pointierte Kritik an Brandom findet sich bei Herbert Schnädelbach, Sozialpragmatischer Idealismus. Bemerkungen zu Robert B. Brandoms Expressive Vernunft, in: ders., Analytische und postanalytische Philosophie. Vorträge und Abhandlungen 4, Frankfurt/M. 2004, S. 179-197.

104 *Consequences of Pragmatism*, S. XXXIX. Vgl. Nelson Goodman, *Weisen der Welterzeugung*, Frankfurt/M. 1990.

105 CP XL

106 Jean-François Lyotard, *Grabmal des Intellektuellen*, Graz und Wien 1985, S. 87 f.

107 Cornel West, »Afterword. The Politics of American Neo-Pragmatism«, in: John Rajchman/Cornel West (Hgg.), *Post-Analytic Philosophy*, New York 1985, S. 259-275, hier S. 267.

108 Jean-François Lyotard, *Der Widerstreit*, München 1987, S. 13.

109 Ulrich Rödel/Günter Frankenberg/Helmut Dubiel, *Die demokratische Frage*, Frankfurt/M. 1989, S. 53; vgl. dazu John Locke, *Second Treatise*, § 49 »Thus in the beginning of all the World was America«. – Locke meinte damals eine geldlose Urgesellschaft und gerade nicht die Zivilisation.

110 Vgl. Rödel u.a. (Anm. 109), S. 67; Hannah Arendt, *Über die Revolution*, München 1974.

111 Vgl. hierzu Richard Rorty, *Stolz auf unser Land. Die amerikanische Linke und der Patriotismus*, Frankfurt/M. 1999.

112 Karl-Otto Apel, *Transformation der Philosophie*, Frankfurt/M. 1973, Bd. 1, S. 164.

113 Vgl. dazu Christoph Menke-Eggers, »Relativismus und Partikularismus. Zu einigen Überlegungen bei Richard Rorty«, in: Philosophische Rundschau, 36. Jg., 1989, Nr. 1/2, S. 26-40; Richard Rorty, »Postmodernist Bourgeois Liberalism«, in: The Journal of Philosophy, Bd. 80, 1983, S. 586, 589; sowie SO 15 ff.

114 Cornel West (vgl. Anm. 107), S. 268.

115 Michael Walzer, *Gibt es den gerechten Krieg?*, Stuttgart 1982, S. 15.

116 Richard Rorty, Feind im Visier. Im Kampf gegen den Terror gefährden westliche Demokratien die Grundlagen ihrer Freiheit, in: Die Zeit, Nr. 13, 18.3.2004.

117 Immanuel Kant, *Idee zu einer allgemeinen Geschichte in weltbürgerlicher Absicht*, Neunter Satz, in: ders., *Kleinere Schriften zur Geschichtsphilosophie, Ethik und Politik*, Hamburg 1973, S. 19.

Literatur

Siglen der abgekürzt zitierten Werke Rortys

CE	Le cosmopolitisme sans emancipation. En reponse à Jean-François Lyotard, in: Critique, Nr. 456, 1985, S. 569-580.
CP	Consequences of Pragmatism, Brighton: The Harvester Press 1982.
HL	Habermas and Lyotard on Postmodernity, in: Richard J. Bernstein (Hg.), Habermas and Modernity, Cambridge: Polity Press 1985.
KI	Kontingenz, Ironie und Solidarität, Frankfurt/M. 1989 (zuerst: Cambridge University Press 1989).
LT	Introduction. Metaphilosophical Difficulties of Linguistic Philosophy, in: ders. (Hg.), The Linguistic Turn, Chicago und London: The University of Chicago Press 1967 (1988).
SN	Der Spiegel der Natur. Eine Kritik der Philosophie, Frankfurt/M. 1981, 2. Aufl. 1984 (zuerst als Philosophy and the Mirror of Nature, Princeton University Press 1979).
SO	Solidarität oder Objektivität. Drei philosophische Essays, Stuttgart 1988.

Weitere Bücher Rortys

1967 *The Linguistic Turn* (Hg.), Chicago: University of Chicago Press 1967.

1982 *Consequences of Pragmatism*, Essays 1972-1980, Brighton: The Harvester Press 1982.

1984 *The Historiography of Philosophy: Four Genres*, in: Richard Rorty/J.B. Schneewind/Quentin Skinner (Hgg.), Philosophy in History, Cambridge: Cambridge University Press 1984, S.49-76.

1988 *Solidarität oder Objektivität? Drei philosophische Essays*, Stuttgart 1988 (die beiden anderen Aufsätze in diesem Band sind: *Freud und die moralische Reflexion* sowie *Der Vorrang der Demokratie vor der Philosophie*. Eine von Rorty selbst zusammen mit Alan Posener angefertigte Übersetzung erschien in: Zeitschrift für philosophische Forschung, Bd. 42, 1988, H. 1, S. 3-17). Die hier versammelten Texte bieten eine knappe Einführung in Rortys Denken.

1989 *Kontingenz, Ironie und Solidarität*, Frankfurt/M. 1989 (zuerst als *Contingency, Irony, and Solidarity*, Cambridge: Cambridge University Press 1989). Der beste Überblick über den heutigen Stand von Rortys Philosophie.

1991 *Objectivity, Relativism and Truth: Philosophical Papers I*, Cambridge: Cambridge University Press 1991.

1991 *Essays on Heidegger and Others: Philosophical Papers II*, Cambridge: Cambridge University Press 1991.

1993 *Eine Kultur ohne Zentrum. Vier philosophische Essays und ein Vorwort*, Stuttgart 1993 (zuerst Cambridge 1991).

1994 *Hoffnung statt Erkenntnis. Eine Einführung in die pragmatische Philosophie*, Wien 1994 (wesentlich erweiterte amerikanische Fassung 1999 unter dem Titel *Philosophy and Social Hope*, London und New York 1999).

1998 *Achieving our Country. Leftist thought in 20th Century America*, Cambridge/Mass. 1998 (*Stolz auf unser Land. Die amerikanische Linke und der Patriotismus*, Frankfurt/M. 1999).

1998 Das kommunistische Manifest – 150 Jahre danach. Gescheiterte Prophezeiungen. Glorreiche Hoffnungen. [Nachdr. der Erstausgabe] Frankfurt/M. 1998.

2000 *Die Schönheit, die Erhabenheit und die Gemeinschaft der Philosophen*, Frankfurt/M. 2000 (darin auch der Text: Die Intellektuellen und die Armen).

2000 *Philosophie und die Zukunft. Essays*, Frankfurt/M. 2000.

2001 Erwiderungen, in: Thomas Schäfer/Udo Tietz/Rüdiger Zill, *Hinter den Spiegeln. Beiträge zur Philosophie Richard Rortys mit Erwiderungen von Richard Rorty*, Frankfurt/M. 2001.

2002 Rorty, Richard/Derek Nystrom/Kent Puckett, *Against Bosses, against Oligarchies. A Conversation with Richard Rorty*, Chicago 2002.
2003 *Wahrheit und Fortschritt*, Frankfurt/M. 2003 (dt. Übers. von *Truth and Progress: Philosophical Papers III* (Cambridge: Cambridge University Press, 1998).
2005 *Take Care of Freedom And Truth Will Take Care of Itself: Interviews with Richard Rorty*, hrsg. von Eduardo Mendieta, Stanford 2005.
2005 Richard Rorty/Donald Davidson, *Wozu Wahrheit? Eine Debatte*, hrsg. von Mike Sandbothe, Frankfurt/M. 2005.
2006 Richard Rorty/Gianni Vattimo, *Die Zukunft der Religion*, Frankfurt/M. 2006.

Aufsätze von Rorty

Der größte Teil der wichtigsten Aufsätze Rortys ist inzwischen in Bänden zusammengefasst. Besonders interessant und empfehlenswert sind die Bände *Philosophie und die Zukunft* (2000) und die beiden Reclam-Bände *Solidarität oder Objektivität* (1988) und *Eine Kultur ohne Zentrum* (1993).

1972 *Functionalism, Machines, and Insorrigibility*, in: Journal of Philosophy, 69, 1972, S. 203-220.
1977 *Derrida on Language, Being, and Abnormal Philosophy*, in: Journal of Philosophy, 74, 1977, S. 673-681.
1979 *Transcendental Arguments, Self-reference, and Pragmatism*, in: Peter Bieri/Rolf-Peter Horstmann/Lorenz Krüger (Hgg.), Transcendental Arguments and Science, Dordrecht: D. Reidel 1979.
1981 *Zur Lage der Gegenwartsphilosophie in den USA*, in: Analyse und Kritik. Zeitschrift für Sozialwissenschaften, 3. Jg., Heft 1, Opladen: Westdeutscher Verlag 1981, S. 3-22 (engl. Fassung in: Consequences of Pragmatism).
1982 *From Philosophy to Post-Philosophy. An Interview with Richard Rorty*, conducted by Wayne Hudson and Willem van Reijen, in: Radical Philosophy, Autumn 1982, Nr. 32, S. 1-4.
1983 *Postmodernist Bourgeois Liberalism*, in: The Journal of Philosophy, 80, 1983, S. 583-589. (Ein zentraler Text, um Rortys Rhetorik und politisches Konzept zu verstehen!)

1984 *Deconstruction and Circumvention*, in: Critical Inquiry, Vol. II, 1984/85, S. 1-23.

1984 *Heidegger wider die Pragmatisten*, in: Neue Hefte für Philosophie, Heft 23, 1984, S. 1-22.

1985 *Habermas and Lyotard on Postmodernity*, in: Richard J. Bernstein (Hg.), Habermas and Modernity, Cambridge: Polity Press 1985, S. 161-176.

1985 *Le cosmopolitisme sans emancipation. En reponse a Jean-François Lyotard*, in: Critique, Nr. 456, 1985, S. 569-584.

1985 *Texts and Lumps*, in: New Literary History, Vol. XVII, 1985, Nr. 1, S. 1-16.

1986 *Foucault and Epistemology*, in: David Couzens Hoy (Hg.), Foucault. A Critical Reader, Oxford/New York 1986, S. 41-49.

1986 *Pragmatismus, Davidson und der Wahrheitsbegriff*, in: Eva Picardi/Joachim Schulte (Hgg.), Die Wahrheit der Interpretation. Beiträge zur Philosophie Donald Davidsons, Frankfurt/M. 1990, S. 333-355 (zuerst als: *Pragmatism, Davidson and Truth*, in: Ernest LePore (Hg.), Truth and Interpretation. Perspectives on the Philosophy of Donald Davidson, Oxford: Basil Blackwell 1986).

1987 *Thugs and Theorists*, A Reply to Bernstein, in: Political Theory, Vol. 15, 1987, Nr. 4, S. 564-580.

1987 *Pragmatism Without Method*, in: Paul Kurtz (Hg.), Sidney Hook. Philosopher of Democracy and Humanism, 1987, S. 259-273.

1987 *Science as Solidarity*, in: John S.Nelson/Allan Megill/Donald McCloskey (Hgg.), The Rhetoric of the Human Sciences, Language and Argument in Scholarship and Public Affairs, Madison: The University of Wisconsin Press 1987, S. 38-52.

1989 *Philosophy as Science, as Metaphor, and as Politics*, in: Avner Cohen/Marcelo Dascal (Hgg.), The Institution of Philosophy. A Discipline in Crisis?, La Salle: Open Court 1989, S. 13-33.

1990 *Pragmatismus, Davidson und der Wahrheitsbegriff*, in: Die Wahrheit der Interpretation. Beiträge zur Philosophie Donald Davidsons, hrsg. von E. Picardi und J. Schulte, Frankfurt/M. 1986, S. 55-96.

1994 *Menschenrechte, Vernunft und Empfindsamkeit*, in: Transit. Europäische Revue, 7. Jg., S. 102-121 (auch in abweichender Übersetzung als »Menschenrechte, Rationalität und Gefühl« in: Steven Shute/ Susan Hurley, Die Idee der Menschenrechte, Frankfurt/M. 1996, S. 144-170.

1994 *Der Fortschritt des Pragmatisten*, in: Eco, Umberto, Zwischen Autor und Text. Interpretation und Überinterpretation, München 1994, S. 99-119 (engl. 1992 in: Eco, Interpretation and Overinterpretation, Cambridge, S. 89-198).

1995 *Philosophie als Wissenschaft, als Metapher und als Politik. Vom ›irrationalen‹ Moment im intellektuellen Fortschritt und vom Umgang der Pragmatisten damit*, in: Neue Rundschau, Nr. 106, S. 28-43.

1995 *Philosophische Voraussetzungen der akademischen Freiheit*, in: Merkur, 49. Jg., Nr. 1, S. 28-44.

1997 *Die Herrschaft der Brüderlichkeit. Plädoyer für eine Gesellschaft, die nicht auf Rechten, sondern auf Uneigennützigkeit beruht*, in: Leviathan, 25. Jg., S. 1-8 (zuerst als »Fraternity Reigns«, in: NYT Magazine, 29. 9.1996).

1998 *Überreden ist gut. Ein Gespräch mit Richard Rorty über Philosophie und Literatur, das Erhabene und die ordnende Vernunft, private Selbsterschaffung und politisches Engagement*, in: Neue Rundschau, 109, S. 87-109.

1998 *Die Armen sind die große Mehrheit*, in: Deutsche Zeitschrift für Philosophie, 46. Jg., H. 6, S. 983-990.

1999 *Pragmatism as Anti-Authoritarianism*, in : Revue Internationale de Philosophie, Vol. 53, Nr. 207, S. 7-20.

2000 *Europa sollte auf sich selbst bauen*, in: Merkur, 54. Jg., H. 9/10, S. 1004-1008.

2001 *Gefangen zwischen Kant und Dewey: Die gegenwärtige Lage der Moralphilosophie*, in: Deutsche Zeitschrift für Philosophie, 49. Jg., H. 2, S. 179-196.

2001 *Existenzielle Notwendigkeit und kantische Unbedingtheit: Eine Erwiderung auf Harald Köhl*, in: Deutsche Zeitschrift für Philosophie, 49. Jg., H. 3, S. 459-465.

2001 *Im Dienste der Welterschließung*, in: Joachim Schulte/Uwe Justus Wenzel (Hgg.), Was ist ein ›philosophisches‹ Problem?, Frankfurt/M. 2001, S. 148-154.

2002 *»Fighting Terrorism with Democracy«*, in: The Nation, October 21, 2002, S. 11-14.

2002 *Wir brauchen einen großen charismatischen Internationalisten*, in: Merkur, 56. Jg., H. 11, , S. 1034-1038.

2002 *Europa nutzt seine Macht nicht aus*. FAZ-Net-Interview vom 15.4. 2002.

2004 *Feind im Visier. Im Kampf gegen den Terror gefährden westliche Demokratien die Grundlagen ihrer Freiheit*, in: Die Zeit Nr. 13 vom 18.3. 2004 (Übersetzung eines Vortrags von Rorty vor dem Berliner Einstein-Forum, auch als 16-minütiges Video erhältlich).

2004 *Wissen deutsche Politiker, wozu Universitäten da sind?*, in: FAZ Nr. 202 vom 31.8.2004, S. 35.

Weiterführende Literatur

Apel, Karl-Otto, Diskurs und Verantwortung, Frankfurt/M. 1988, bes. S. 399-413.

Arcilla, René Vincente, For the Love of Perfection. Richard Rorty and Liberal Education, New York 1995.

Auer, Dirk, Politisierte Demokratie. Richard Rortys politischer Antiessentialismus, Wiesbaden 2004.

Balslev, Anindita Niyogi, Cultural Otherness. Correspondence with Richard Rorty, Shimla 1991.

Berberich, Stefanie, Die Philosophie Richard Rortys, Saarbrücken 1991.

Bernstein, Richard, »One step forward, two steps backward. Richard Rorty on Liberal Democracy and Philosophy«, in: Political Theory, Vol. 25, 1987, Heft 4, S. 538-563.

Bernstein, Richard, »Philosophy in the Conversation of Mankind«, in: Review of Metaphysics 33 (1980), S. 745-776.

Bond, E.J., »Richard Rorty und die Epistemologisierung der Wahrheit«, in: Ratio, 29. Jg., 1987, Heft 1, S. 74-87.

Bouveresse, Jacques/Cometti, Jean-Pierre (Hg.), Lire Rorty. Le pragmatisme et ses conséquences, Combas 1992.

Brandom, Robert B. (Hg.), Rorty and his Critics, Nachdr. Oxford u. Malden/Mass. 2002.

Eco, Umberto, Zwischen Autor und Text. Interpretation und Überinterpretation, München 1994 (engl. als Interpretation and Overinterpretation. With Richard Rorty, Jonathan Culler, Christine Brooke-Rose, Cambridge 1992).

Festenstein, Matthew/Thompson, Simon (Hg.), Richard Rorty. Critical dialogues, Cambridge 2001.

Fraser, Nancy, Solidarität oder Singularität? Richard Rorty zwischen Romantik und Technokratie, in: dies., Widerspenstige Praktiken. Macht, Diskurs, Geschlecht, Frankfurt/M. 1994, S. 143-172.

Friedrich, Volker et al. (Hg.), Ich bin ein Gott. Volker Friedrich im Gespräch mit Karl R. Popper, Max Bense, Gianni Vattimo, Richard Rorty, Neil Postman, Stanley Rosen und Carl Mitcham, München 1995.

Gander, Eric M., The last conceptual Revolution. A Critique of Richard Rortys Political Philosophy, Albany 1999.

Geras, Norman, Solidarity in the Conversation of Humankind. The ungroundable Liberalism of Richard Rorty, London 1995.

Guignon, Charles (Hg.), Richard Rorty, Cambridge 2003.

Gutting, Gary, Pragmatic Liberalism and the Critique of Modernity, Cambridge 1999.

Habermas, Jürgen, Wahrheit und Rechtfertigung. Zu Richard Rortys pragmatischer Wende, in: ders., Wahrheit und Rechtfertigung. Philosophische Aufsätze, Frankfurt/M. 1999, S. 230-270.

Hacking, Ian: »Is the End in Sight for Epistemology?«, in: The Journal of Philosophy, Vol. LXXVII, Nr. 10, 1980, S. 579-588.

Hall, David L., Richard Rorty. Prophet and Poet of the new Pragmatism, Albany 1994.

Hardwick, Charley/Crosby, Donald (Hg.), Pragmatism, Neo-Pragmatism and Religion. Conversations with Richard Rorty, New York 1997.

Hildebrand, David L., Beyond Realism and Anti-realism. John Dewey and the Neo-pragmatists, Nashville 2003.

Horster, Detlef, Richard Rorty zur Einführung, Hamburg 1991.

Kilian, Monika, Modern and postmodern Strategies. Gaming and the Question of Morality. Adorno, Rorty, Lyotard and Enzensberger, New York 1998.

Kim, Jaegwon, »Rorty on the Possibility of Philosophy«, in: The Journal of Philosophy, Vol. 77, 1980, S. 588-597.

Kögler, Hans-Herbert, Die Macht des Dialogs. Kritische Hermeneutik nach Gadamer, Foucault und Rorty, Stuttgart 1992.

Kuipers, Ronald Alexander, Solidarity and the Stranger. Themes in Social Philosophy of Richard Rorty, Toronto 1997.

Kwiek, Marek, Rortys elective affinities. The new Pragmatism and postmodern Thought, Posen 1996.

Lenore Langsdorf/Andrew R. Smith (Hgg.), Recovering pragmatism's voice. The classical tradition. Rorty and the philosophy of communication, Albany 1995.

Letson, Ben H., Davidsons theory of truth and its implications for Rortys pragmatism, New York 1997.

Lyotard, Jean-François, »Discussion entre Jean-François Lyotard et Richard Rorty«, in: Critique, Nr. 456, 1985, S. 581-584.

Malachowski, Alan (Hg.), Richard Rorty, 4 Bde., Chesham 2002.

Malachowski, Alan, Reading Rorty. Critical Responses to Philosophy and the Mirror of Nature (and Beyond), Oxford: Basil Blackwell 1990 (die wichtigste Sammlung mit kritischen Stellungnahmen zu Rorty. Besonders hervorzuheben sind Bernard Williams' scharfe Kritik der *Consequences of Pragmatism* sowie die distanzierten Stellungnahmen von Quine und Davidson zu Rortys Anknüpfung an ihre Philosophie. Für eine nähere Beschäftigung mit Rorty ist dieser Band unverzichtbar).

Menke-Eggers, Christoph, »Relativismus und Partikularisierung. Zu einigen Überlegungen bei R. Rorty«, in: Philosophische Rundschau, 36. Jg. 1989, Nr. 1/2, S. 26-40 (dieser Aufsatz ist charakteristisch für die deutsche Rorty-Rezeption).

Montefiore, Alan, Richard Rorty – Two Philosophers or one?, in: Analyse und Kritik, 5. Jg., 1989, S. 83-96.

Mouffe, Chantal/Critchley, Simon (Hg.), Deconstruction and pragmatism, [Nachdr.] London 1997.

Neumann, Walter G., Wider den Pragmatismus. Zur Philosophie von Richard Rorty, Würzburg 1992.

Nielsen, Kai, After the demise of the tradition. Rorty, critical theory and the fate of philosophy, Boulder/Oxford 1991.

Niznik, Jozef (Hg.), Debating the state of philosophy. Habermas, Rorty and Kolakowski, Westport 1996.

Peters, Michael A. (Hg.), Richard Rorty. Education, philosophy and politics, Lanham, 2001.

Pettegrew, John (Hg.), A pragmatist's progress? Richard Rorty and american intellectual history, Lanham 2000.

Reese-Schäfer, Walter, Die Differenz von Philosophie und Demokratie. Richard Rorty und die neue Selbstdeutung der Gerechtigkeitstheorie von John Rawls, in: ders., Grenzgötter der Moral. Der neuere europäisch-amerikanische Diskurs zur politischen Ethik, Frankfurt 1997, S. 598-648.

Reinhard, Rebekka, Gegen den philosophischen Fundamentalismus. Postanalytische und dekonstruktivistische Perspektiven, München 2003.

Roderick, Rick, »Reading Derrida Politically« (Contra Rorty), in: Praxis International, 6. Jg. 1987, S. 442-449.

Rogg, Arne, Richard Rorty. Liberale Ansätze einer Ethik der Empfindsamkeit, Kiel 1998.

Rothleder, Dianne, The work of friendship. Rorty, his critics and the project of solidarity, Albany 1999.

Rumana, Richard, On Rorty, Belmont 2000.

Rumana, Richard, Richard Rorty. An annoted bibliography of secondary literature, Amsterdam 2002.

Saatkamp, Herman J. (Hg.), Rorty and pragmatism. The philosopher responds to his critics, Nashville 1995 (mit den Antworten von Rorty auf die Einwände der Kritiker).

Sandbothe, Mike (Hg.), Wozu Wahrheit? Eine Debatte. Donald Davidson und Richard Rorty, Frankfurt/M. 2005.

Schäfer, Thomas/Tietz, Udo/Zill, Rüdiger (Hg.), Hinter den Spiegeln. Beiträge zur Philosophie Richard Rortys mit Erwiderungen von Richard Rorty, Frankfurt/M. 2001.

Sellars, Wilfrid, Empiricism and the philosophy of mind. With an introduction by Richard Rorty, Cambridge/Mass. 2000.

Tolland, Anders, Epistemological relativism and relativistic epistemology. Richard Rorty and the possibility of a philosophical theory of knowledge, Göteborg 1991.

Toulmin, Stephen, »Conceptual Communities and Rational Conversation«, in: Archivio di filosofia LIV, 1986, S. 179-187 (vgl. dazu Rortys Kommentare im gleichen Heft des Archivio di filosofia).

Turnbull, Robert G., Richard Rorty and the American Philosophical Scene, in: Analyse und Kritik, 4. Jg., 1982, S. 223-238.

Vieth, Andreas (Hg.), Richard Rorty. His Philosophy under discussion. Münstersche Vorlesungen zur Philosophie, Frankfurt/M. 2005.

West, Cornel, »Afterword. The Politics of American Neo-Pragmatism«, in: John Rajchman/Cornel West (Hgg.), Post-Analytic Philosophy, New York 1985, S. 259-272.

Zeittafel

1931	Richard Rorty wird am 4. Oktober in New York geboren. Seine Eltern sind freie Journalisten, u.a. arbeiten sie für *The Nation*; sie gehören nach ihrem Bruch mit den Kommunisten (1933) zur antistalinistischen, trotzkistischen Linken.
1946	Mit 14 Jahren besucht Rorty die Universität Chicago, nachdem er einige Schulklassen übersprungen hat.
1949	Nach Abschluss der undergraduate studies in Chicago erwirbt er den Bachelor of Arts.
1952	erwirbt er den M.A. Seine Lehrer in Chicago waren der logische Positivist Rudolf Carnap, der Whitehead-Schüler Charles Hartshorne und der Philosophiehistoriker Richard McKeon.
1952-1956	besucht er die Universität Yale, wo er den Ph.D. mit einer Arbeit »The Concept of Potentiality« erwirbt. Dort sind Carl Hempel, Paul Weiss und Robert Brambaugh seine Lehrer. Bis dahin war er ein »altmodischer Philosoph« (Rorty über Rorty).
1957-1958	Ableistung des Militärdienstes
1958-1961	Instructor und Assistant Professor am Wellesley College in der Nähe von New York. Dort wird er durch seine Kollegen zum ersten Mal mit den damals modischen Oxford-Philosophen konfrontiert und liest Austin, Ryle und Strawson, vor allem aber Wittgenstein.
1962	Rorty wechselt nach Princeton, wo er sich fast zehn Jahre lang einem intensiven Studium von Sellars' und Wittgensteins Philosophie widmet und sich als fundierter Kenner der analytischen Philosophie einen Namen macht.
1967	erscheint das Textbuch *The Linguistic Turn* mit ersten deutlich kritischen Bemerkungen zur analytischen Philosophie.

1972 Seine Princeton-Kollegen distanzieren sich mehr und mehr von der neuen Richtung, die seine Arbeit nimmt. Er wird in seinem Department isoliert, man rät Studenten ab, bei Rorty zu promovieren. Er gilt als eine Art Außenseiter. Sein Schreiben verliert das Akademisch-Steife und gewinnt einen leichteren und dichteren Stil, der die analytische Konzentration auf die Sprache mit der kontinentalen Orientierung an der Geschichte verbindet.

1979 erscheint *Der Spiegel der Natur*, ein Buch, das das Establishment provoziert und den philosophischen Nachwuchs elektrisiert. Rorty wird nach einer Kampfabstimmung als Chairman des Eastern Branch der American Philosophical Association abgewählt.

1982 Er verlässt Princeton, eine der Hochburgen der analytischen Philosophie, als Stuart Professor of Philosophy. Mit dem Buch *Consequences of Pragmatism* legt er seine Bilanz aus den Auseinandersetzungen der siebziger Jahre vor.

1983 Rorty wird University Professor of Humanities an der University of Virginia in Charlottesville.

1986/87 Fellow am Wissenschaftskolleg in Berlin.

1987 Rorty erhält eine Gastprofessur am Trinity College in Cambridge.

1989 erscheint *Contingency, Irony, and Solidarity* fast zur gleichen Zeit in den USA und in Deutschland. Dieses Buch markiert die »literarische Wende« seines Denkens.

1991 Die ersten beiden Bände seiner *Philosophical Papers* dokumentieren, dass er zum Klassiker der Gegenwartsphilosophie avanciert ist (Band 3 erscheint 1998).

1997 Rorty hält die Massey Lecture an der Harvard University.

1998 Rorty wird in Charlottesville emeritiert und gleichzeitig auf Einladung von Hans-Ulrich Gumbrecht Professor of Comparative Literature an der Stanford University in Kalifornien. In *Achieving our Country* dokumentiert er die Hinwendung der intellektuellen Linken zur amerikanischen Idee.

2004 Rorty kritisiert, dass im »Kampf gegen den Terror« zu viele demokratische Werte suspendiert werden.

Walter Reese-Schäfer, Prof. Dr. phil., geb. 1951, Inhaber des Lehrstuhls für politische Theorie und Ideengeschichte an der Georg-August-Universität Göttingen, Fellow des Kulturwissenschaftlichen Instituts in Essen, Director of Studies des internationalen MA-Studiengangs »Euroculture«, an dem die Universitäten Göttingen, San Sebastian, Udine, Groningen, Straßburg, Uppsala, Olmütz und Krakau beteiligt sind.
Buchveröffentlichungen: Luhmann zur Einführung, 5. Aufl. Hamburg 2005; Lyotard zur Einführung, 3. Aufl. Hamburg 1995; Karl-Otto Apel zur Einführung, Hamburg 1990; Amitai Etzioni zur Einführung, Hamburg 2001; Antike politische Philosophie zur Einführung, Hamburg 1998; Jürgen Habermas, 3. Aufl. Frankfurt und New York 2001; Kommunitarismus, 3. Aufl. Frankfurt und New York 2001; Politische Theorie der Gegenwart in fünfzehn Modellen, München und Wien 2006; Klassiker der politischen Ideengeschichte, München und Wien 2007; Aristoteles interkulturell gelesen, 2007.

Reihe »Zur Einführung« im Junius Verlag

Theodor W. Adorno
von Gerhard Schweppenhäuser

Giorgio Agamben
von Eva Geulen

Hannah Arendt
von Karl-Heinz Breier

Aristoteles
von Christof Rapp

Augustinus
von Johann Kreuzer

Michail Bachtin
von Sylvia Sasse

Roland Barthes
von Ottmar Ette

Georges Bataille
von Peter Wiechens

Jean Baudrillard
von Falko Blask

Walter Benjamin
von Sven Kramer

Henri Bergson
von Gilles Deleuze

Hans Blumenberg
von Franz Josef Wetz

Pierre Bourdieu
von Markus Schwingel

Judith Butler
von Hannelore Bublitz

Ernst Cassirer
von Heinz Paetzold

Stanley Cavell
von Elisabeth Bronfen

Charles Darwin
von Julia Voss

Gilles Deleuze
von Michaela Ott

Jacques Derrida
von Susanne Lüdemann

René Descartes
von Peter Prechtl

John Dewey
von Martin Suhr

Norbert Elias
von Ralf Baumgart/Volker Eichener

Epikur
von Carl-Friedrich Geyer

Johann Gottlieb Fichte
von Helmut Seidel

Reihe »Zur Einführung« im Junius Verlag

Michel Foucault
von Philipp Sarasin

Sigmund Freud
von Hans-Martin Lohmann

Hans-Georg Gadamer
von Udo Tietz

Arnold Gehlen
von Christian Thies

Jürgen Habermas
von Mattias Iser/David Strecker

Friedrich August von Hayek
von Hans Jörg Hennecke

Georg Wilhelm Friedrich Hegel
von Herbert Schnädelbach

Martin Heidegger
von Günter Figal

Johann Gottfried Herder
von Jens Heise

Thomas Hobbes
von Wolfgang Kersting

David Hume
von Heiner F. Klemme

Edmund Husserl
von Peter Prechtl

C.G. Jung
von Micha Brumlik

Immanuel Kant
von Jean Grondin

Sören Kierkegaard
von Konrad Paul Liessmann

Friedrich Kittler
von Geoffrey Winthrop-Young

Konfuzius
von Xuewu Gu

Siegfried Kracauer
von Gertrud Koch

Jacques Lacan
von Gerda Pagel

Bruno Latour
von Henning Schmidgen

Gottfried Wilhelm Leibniz
von Hans Poser

Emmanuel Levinas
von Werner Stegmaier

John Locke
von Walter Euchner

Niklas Luhmann
von Walter Reese-Schäfer

Reihe »Zur Einführung« im Junius Verlag

Jean-François Lyotard
von Walter Reese-Schäfer

Niccolò Machiavelli
von Quentin Skinner

Karl Marx
von Rolf Peter Sieferle

Maurice Merleau-Ponty
von Christian Bermes

John Stuart Mill
von D. Kuenzle/M. Schefczyk

Michel de Montaigne
von Peter Burke

Friedrich Nietzsche
von Werner Stegmaier

Charles Sanders Peirce
von Helmut Pape

Platon
von Barbara Zehnpfennig

John Rawls
von Wolfgang Kersting

Paul Ricœur
von Jens Mattern

Richard Rorty
von Walter Reese-Schäfer

Jean-Jacques Rousseau
von Günther Mensching

Jean-Paul Sartre
von Martin Suhr

Ferdinand de Saussure
von Ludwig Jäger

Max Scheler
von Angelika Sander

Friedrich W.J. Schelling
von Franz Josef Wetz

Carl Schmitt
von Reinhard Mehring

Arthur Schopenhauer
von Volker Spierling

Adam Smith
von Michael S. Aßländer

Sokrates
von Christoph Kniest

Baruch de Spinoza
von Helmut Seidel

Thomas von Aquin
von Rolf Schönberger

Max Weber
von Volker Heins

Reihe »Zur Einführung« im Junius Verlag

Ludwig Wittgenstein
von Richard Raatzsch

Slavoj Zizek
von Rex Butler

Analytische Philosophie
von Albert Newen

Antike politische Philosophie
von Walter Reese-Schäfer

Antike und moderne Skepsis
von Markus Gabriel

Argumentationstheorie
von Josef Kopperschmidt

Ästhetik
von Stefan Majetschak

Biophilosophie
von Kristian Köchy

Biopolitik
von Thomas Lemke

Theorien des Computerspiels
von GamesCoop

Erkenntnistheorie
von Herbert Schnädelbach

Feministische Theorien
von R. Becker-Schmidt/G.-A. Knapp

Fernsehtheorie
von Lorenz Engell

Filmtheorie
von Thomas Elsaesser/Malte Hagener

Theorien der Fotografie
von Peter Geimer

Theorien der Gabe
von Iris Därmann

Theorien der Gemeinschaft
von Hartmut Rosa u.a.

Gerechtigkeitstheorien
von Bernd Ladwig

Geschichtsphilosophie
von Johannes Rohbeck

Hermeneutik
von Matthias Jung

Historische Anthropologie
von Jakob Tanner

Historische Epistemologie
von Hans-Jörg Rheinberger

Theorien des Internet
von Martin Warnke

Kulturphilosophie
von Ralf Konersmann

Reihe »Zur Einführung« im Junius Verlag

Kulturtheorien
von Iris Därmann

Kulturwissenschaftliche Gedächtnistheorien
von Nicolas Pethes

Philosophie der Lebenskunst
von Ferdinand Fellmann

Literaturtheorien
von Oliver Simons

Theorien der Macht
von Andreas Anter

Medientheorien
von Dieter Mersch

Philosophie der Menschenrechte
von Christoph Menke/Arnd Pollmann

Moralbegründungen
von Konrad Ott

Theorien des Museums
von Anke te Heesen

Neoliberalismus
von Thomas Biebricher

Neue Philosophien des Politischen
von Uwe Hebekus/Jan Völker

Phänomenologie
von Ferdinand Fellmann

Philologie
von Marcel Lepper

Postkoloniale Theorien
von Ina Kerner

Pragmatismus
von Hans-Joachim Schubert u.a.

Theorien des Sozialstaats
von Stephan Lessenich

Sprachphilosophie
von Georg W. Bertram

Technikphilosophie
von Alfred Nordmann

Tierphilosophie
von Markus Wild

Theorien des Todes
von Petra Gehring

Umweltethik
von Konrad Ott

Visuelle Kulturen/Visual Culture
von Marius Rimmele/Bernd Stiegler

Wirtschaftsethik
von Felix Heidenreich

Wissenschaftstheorie
von Martin Carrier